HEYNE <

Fritz Saur

Kochen im Schnellkochtopf

Über 200 Rezepte – vitaminreich, schnell und gesund

Originalausgabe

WILHELM HEYNE VERLAG
MÜNCHEN

HEYNE KOCHBUCH
07/4660

8. Auflage der komplett überarbeiteten Neuausgabe;
bisher lieferbar unter der Nr. 07/4140

Printed in Germany 2003
Umschlaggestaltung: Eisele Grafik-Design, München
Umschlagfoto: Fissler
Satz: Schaber Satz- und Datentechnik, Wels
Druck und Bindung: RMO-Druck, München

ISBN 3-453-06990-0

INHALT

Vorwort

Automatisierung und Mechanisierung sind heute auch aus Haushalt und Küche nicht mehr wegzudenken. Bei der Aufzählung der mechanischen Küchenhilfen wird leider noch oft genug der Schnellkochtopf vergessen, obwohl er eine der wesentlichsten Küchenhilfen der modernen Frau ist. Heute besitzen zwei von drei deutschen Haushalten mindestens einen Schnellkochtopf, manche sogar mehrere in verschiedenen Größen (genauer gesagt, durchschnittlich 1,4 Geräte pro Haushalt). Trotz allem belastet ein Wust von Vorurteilen diese Methode noch immer.

Dieses Buch soll ganz allgemein eine Gebrauchsanweisung für den Schnellkochtopf sein, seine Vielseitigkeit aufzeigen und eine Ergänzung darstellen zu den oft ziemlich kurzen Anweisungen, die den Töpfen von den Herstellern mitgegeben werden. Bei der Vielzahl der Marken und den scheinbar großen äußerlichen Unterschieden könnte man zweifeln, daß es möglich ist, sie alle mit einem Rezeptbuch unter einen Hut zu bringen. Die Unterschiede sind aber nur äußerlich. Die wesentliche Funktion aller echten Schnellkochtöpfe beruht nämlich letzten Endes auf den gleichen Naturgesetzen.

Ich habe mich jahrelang mit dem Schnellkochtopf befaßt. In Töpfen mit Schaufenstern beobachtete ich das Kochgut und mit eingebauten elektronischen Fernthermometern die Wärmevorgänge in den Lebensmitteln. Die dabei gewonnenen Erkenntnisse überzeugten mich, daß es wohl kaum ein Kochverfahren gibt, das in so kurzer Zeit, mit so einfachen Mitteln eine so hochwertige Nahrung liefert. Die Gutachten bekannter wissenschaftlicher Institute sind eindeutig. Wer einmal gelernt hat, mit einem guten Schnellkochtopf richtig zu kochen, kann ihn nicht mehr missen. Bester Beweis für die Einfachheit der Bedienung ist die Tatsache, daß blinde Frauen nach kurzer Schulung den Schnellkochtopf bevorzugen.

Ulm/Donau *Dr. Fritz K. Saur*

Abkürzungen und Erklärungen:

EL	= Eßlöffel	g	= Gramm
TL	= Teelöffel	l	= Liter
Msp	= Messerspitze	dl	= $^1/_{10}$ l

1 Tasse entspricht einer normalen Teetasse von $^1/_8$ l Inhalt.

Alle Rezepte sind, soweit nicht anders angegeben,
für 4 Personen berechnet.

Schnellkochtöpfe aus Deutschland, Österreich und der Schweiz

BIO-SCHNELLKO	BEKA/Braun & Kemmler, 72072 Tübingen
DUROMATIC	Heinrich Kuhn, CH 8486 Rikon
Fissler magic	Fissler GmbH, 55743 Idar-Oberstein
KELOMAT SUPER + FUTURA	Gruber & Kaja, A-1071 Wien Ersatzteile und Service/BRD: Elite-Heinen, 81249 München
PRACTICA	baugleich mit KELOMAT SUPER, Quelle, 90752 Fürth
PRIMA & PICO	Kreck-Edelstahl GmbH, 35708 Haiger-Weidelbach
Schnelltopf WMF EXTRA	Württembergische Metallwarenfabrik AG 73312 Geislingen/Steige
SENSOR	Tefal Deutschland GmbH, 55262 Heidesheim
SICOMATIC	Silit-Werke GmbH, 88493 Riedlingen
TURBO	Export Metall Industrie GmbH, 59872 Meschede/EMI-Versand
vitavit	Fissler GmbH, 55743 Idar-Oberstein

Bei den Rezepten und dem folgenden Garzeitenverzeichnis wurde von einem Druck von 1 atü ausgegangen. Wird mit einer Schnellöffnungsmethode (siehe Seite 36) gearbeitet, ist 2–3 Minuten länger zu garen.

Die Garzeiten für Fleisch gelten für ganze Stücke von etwa 500 g. Bei kleineren Gewichten und sehr dünnen Stücken kann die Garzeit bis auf höchstens 3/5 verkürzt werden. Bei größeren Stükken muß je 500 g um 1/4 verlängert werden. Bei fest aufeinandergeschichtetem Kochgut ist bei größeren Mengen die Garzeit ebenfalls etwas zu verlängern.

Garzeiten-Übersicht

Die meisten der modernen Schnellkochtöpfe haben eine Bio- oder Schongarstufe, auf der auch zartes Kochgut wie Gemüse oder Fisch nicht zerkocht. Hier die Garzeiten unbedingt mit denen der Hersteller vergleichen!
Ohnehin kann es sich bei Garzeiten nur um **Richtwerte** handeln, da – bedingt durch die Qualität der Nahrungsmittel und den Zerkleinerungsgrad und nicht zuletzt auch durch die verschiedenen Geschmäcker – doch erhebliche Unterschiede bestehen.
Brühen, Hülsenfrüchte, Innereien und andere stark quellende oder schäumende Speisen grundsätzlich **nicht schnell abdampfen,** sondern den Topf von der Herdplatte ziehen und abkühlen lassen.

Ø = nicht abdampfen!

BRÜHEN UND SUPPEN Ø

	Minuten
Fleisch-, Kraftbrühe, Ochsenschwanzsuppe Ø	25
Hühnerbrühe Ø	20
Erbsen-, Linsensuppe Ø	12–15
Gemüse-, Tomaten-, Gulaschsuppe, Minestra Ø	10
Kartoffel-, Reissuppe Ø	8
Zwiebelsuppe Ø	5

FLEISCH

Rind

Ochsenzunge	35–50
Rindsbraten	25–30
Siedfleisch Ø, Lenden-, Filet-, Lungenbraten	25

	Minuten
Sauerbraten	20
Rindsgulasch	15–20
Rindsroulade (Rindfleischvögel)	15–20
Kalb	
Kalbsnierenbraten	20
Kalbsbrust gef.	18–22
Kalbsbraten, -herz gef., -kopf	15
Kalbsragout	12
Kalbshaxe	12–15
Kalbsroulade, Kalbfleisch eingemacht	10
Schwein	
Schweinsohren	25
Schweinebraten, illustriert oder pikant	15–20
Schweinegulasch, -rippchen	10
Hammel	
Rücken mariniert	25
Hammelbraten in Buttermilch	20
Serbisches Reisfleisch	10
Wild	
Hirschbraten	25
Rehkeule	20–23
Rehgulasch, Kaninchen	10–15
Geflügel	
Suppenhuhn Ø	25–30
Hühnerfrikassee	10+5
Gänseklein	12–15
Hähnchen gebraten	10–15
Fisch	
im eigenen Saft, Schollen in Wein Ø	5–7
Stockfisch Ø	1–3

FRISCHGEMÜSE
(Tiefgefrorene Gemüse ⅓ kürzer)

	Minuten
Artischocken	5–10
Auberginen	2–5
Bayrisch Kraut	4–8
Blattspinat	0–1
Blumenkohl	1–8
Broccoli	3–6
Fenchel	4–8
Grüne Bohnen	3–6
Grünkohl	10–12
Karotten	3
Kohlrabi	3–4
Krautwickel	2+8
Lauch	2–4
Möhren	4–8
Rosenkohl	3–6
Rote Rübe, –Bete	12–15
Rotkohl	6–10
Rübstiel	6
Sauerkraut	6–10
Schwarzwurzeln	6–8
Sellerie	3–5
Spargel	3–8
Steckrüben	5–10
Tomaten	1–4
Wirsing	5–7
Zucchini	2–4

HÜLSENFRÜCHTE

	Minuten
Erbsen, halbe	10
– grün, frisch	3–6
Erbsen, ganze, eingeweicht	35
– nicht eingeweicht	45
Linsen	10–15
Dicke Bohnen	8
Weiße Bohnen	15–18
Kichererbsen, eingeweicht	10–15

KARTOFFELN

Pellkartoffeln	8–12
Salzkartoffeln	5–8
Bouillonkartoffeln	5–6
Lyoner Kartoffeln	7
Himmel und Erde	7

REIS

Einfacher Reis	6–8
Naturreis	12–15
Risotto	7–10
Risi-Pisi	7–8
Tomatenreis	8–10
Milchreis	15–20

MAIS

Kolben	8–10
Brei (Polenta)	5

TEIGWAREN

$1/3$ der auf der Packung angegebenen Zeit

KLÖSSE, KNÖDEL

	Minuten
Klöße, Knödel	5–8

PUDDINGS

Fleisch- und Gemüsepudding Ø	15–20
Obstpudding Ø	10

ÜBRIGES

Kompotte	0–8
Marmelade	1–5
Dörrobst	3–8
Entsaften	5–20
Sterilisieren	5

Eintöpfe, Menüs, Diätkost, Einkochen, Eindünsten siehe Rezepte

Druckkochen – Dampfkochen – Schnellkochen?

Drei Bezeichnungen für den gleichen Begriff, wovon »Druckkochen« noch die eindeutigste wäre. Sie ist aber so gut wie unbekannt – und außerdem unbeliebt.
Die Bezeichnung »Dampfkochen« ist ungenau. So sind die vielen, früher oft in Kinos und Gaststätten verkauften Turmkochtöpfe zwar Dampfkochtöpfe, aber keine Druckkochtöpfe. Die ungünstigen Erfahrungen mit ihnen haben das Wort Dampfkochen weithin belastet. Die Bezeichnung »Schnellkochen« ist zwar ausgesprochen vieldeutig, aber sie hat sich in den letzten Jahrzehnten am besten durchgesetzt, da sie das wiedergibt, was den meisten Frauen bei dieser Art des Kochens am wichtigsten ist: die große Zeitersparnis. Wenn also in diesem Buch von Schnellkochtöpfen oder gar allgemein nur von Töpfen die Rede ist, so verstehe ich stets **hermetisch verschlossene Töpfe darunter, in denen unter Druck gekocht wird.**

Wir erhitzen viele Nahrungsmittel vor dem Verzehr durch Kochen, Dämpfen, Dünsten, Braten, Schmoren, Grillen, Backen. Durch physikalische und chemische Vorgänge werden unverdauliche oder schwerverdauliche Bestandteile aufgeschlossen und umgewandelt. Durch die Wärme werden appetitanregende Aromastoffe stärker entwickelt. Die wichtigen ernährungsphysiologischen Bestandteile werden aus gegarter Kost vom Körper leicht verarbeitet.
Die Wissenschaft nimmt an, daß unsere Vorfahren vor rund 300 000 Jahren damit begonnen haben, Nahrung mit Wärme zu

behandeln. Sie fingen mit einer modernen Methode an: Sie grillten, denn sie brieten ihre Jagdbeute über Holzfeuer, zuerst wohl an einem vom Blitz entzündeten Baum. Zum Kochen mit Flüssigkeit reichte es noch nicht. Dazu mußten erhitzbare Gefäße vorhanden sein. Die ältesten Funde, die auf Kochvorgänge schließen lassen, sind etwa 30 000 Jahre alt. Ganz langsam wandelten sich die offenen Feuerstellen in Herde, die tönernen Gefäße in Metalltöpfe. In vielen Teilen der Welt ist man noch nicht viel weiter gekommen. Aber auch unsere modernsten automatischen Herde und unsere schönsten Kochtöpfe dürfen nicht darüber hinwegtäuschen, daß wir, rein physikalisch gesehen, noch immer mit der gleichen Methode kochen wie unsere Vorfahren vor 30 000 Jahren. Unglaublich, aber wahr!

Nehmen wir einmal die Vorgänge unter die Lupe. Was heißt überhaupt »Kochen«? Jede Flüssigkeit hat einen Siedepunkt, bei dem sie sich aus dem flüssigen in den gasförmigen Zustand verwandelt. Wenn wir Nahrung in kochender Flüssigkeit garen, so verwandeln sich fortlaufend mehr oder weniger große Mengen der Flüssigkeit in einen gasförmigen Zustand, der sich durch die sofort folgende Abkühlung an der Luft in Dampf verwandelt.

Der Siedepunkt ist nicht immer gleich, sondern abhängig von dem Luftdruck, der auf die Oberfläche der Flüssigkeit drückt.

In Meereshöhe ist die Luftschicht am höchsten, der Druck daher am größten. Wasser siedet bei 100 °C. Die geringere und leichtere Luftschicht über dem Montblanc läßt Wasser schon bei 83 °C sieden und auf den Höhen des Himalaja sogar schon bei 70 °C.

Nach diesen unabänderlichen Naturgesetzen – je geringer der Druck, desto geringer der Siedepunkt – kocht man nun seit rund 30 000 Jahren. Das bedeutet, daß man mit Temperaturen um oder meist unter 100 °C kocht. Damit hat man keine Möglichkeit, die Garzeit zu beschleunigen. Man muß geduldig warten, bis die Wärme von selbst in das Kochgut kriecht.

In einer Zeit, in der alle, aber auch alle Vorgänge des täglichen Lebens durch die Technik beschleunigt und vereinfacht werden,

ist es verwunderlich, daß der größte Teil der Menschheit noch immer geduldig wartend vor seinen Kochtöpfen steht. Dies um so mehr, als es längst möglich ist, das Naturgesetz über die Zusammenhänge zwischen Druck und Temperatur so anzuwenden, daß die Wärme das Kochgut erheblich schneller durchdringt.
Wenn nämlich Flüssigkeiten bei niederem Druck einen niederen Siedepunkt haben, so müssen sie natürlich bei hohem Druck einen hohen Siedepunkt haben. Dieses Naturgesetz nützte im Jahre 1675 Denis Papin, der Wegbereiter der Dampfmaschine, aus, als er den ersten Schnellkochtopf baute, damals »Verdauer von Lebensmitteln« genannt. Er erhitzte Wasser in einem hermetisch verschlossenen Topf. Da verdampftes Wasser sich ausdehnt und als Dampf einen rund 1000fach größeren Raum einnimmt, entstand in dem Gefäß ein durch ein Sicherheitsventil regulierter Druck. Der Dampf hatte entsprechend dem hohen Druck auch eine höhere Wärme, und die in diesem Topf gegarten Lebensmittel waren nicht nur in $^1/_3$ bis $^1/_4$ der üblichen Zeit gar, sie waren auch wohlschmeckender, bekömmlicher und in den Farben natürlicher.
Da vor 300 Jahren noch keine Industrie solche Töpfe in größeren Mengen herstellen konnte, fielen sie bald wieder der Vergessenheit anheim, allerdings nicht in der Erinnerung der französischen Feinschmecker. Um 1800 beschrieb der französische Klassiker der Tafelfreuden Brillat-Savarin in seiner »Physiologie des Geschmacks« eine primitive Vorrichtung zur Garung von Fisch unter Dampfdruck und rühmte dabei nicht nur die wesentlich kürzere Garzeit, sondern auch den unübertrefflichen Geschmack.
Erst anfangs dieses Jahrhunderts erinnerte man sich wieder an den Schnellkochtopf. Wegbereitend in Europa war die Schweiz, da sie durch Brennstoffmangel in den Weltkriegen zu energiesparendem Kochen gezwungen war. Viele Erfahrungen stammen aus der Schweiz (die Erfinder Keller und Tanner waren Schweizer). Auch die ersten Vitaminuntersuchungen wurden in schweizerischen Instituten gemacht.
Teilweise versuchte man, mit höheren Drücken und höheren Sie-

depunkten die Garung zu beschleunigen. Damit kam man aber in Wärmebereiche, bei denen die Vitaminforschung eine Schädigung der wärmeempfindlichen Vitamine nachwies.

Der moderne, inzwischen in vielen Einzelheiten verbesserte und durch viele Sicherheitsvorrichtungen narrensicher gemachte Schnellkochtopf von heute arbeitet mit Drücken zwischen 0,3 und 1 atü und damit mit Siedepunkten von 107 °C bis 120 °C.

Atü ist das Maß für Überdruck. 1 atü ist der Druck von 1 kg auf 1 qcm. Nur zum Verständnis sei erwähnt, daß z. B. in Pkw-Reifen Drücke zwischen 1,5 und 1,8 atü, in Spraydosen sogar Drücke um 5 atü herrschen.

Ein Schnellkochtopf ist also während der Garzeit völlig gleichmäßig angefüllt mit heißem Dampf, dessen Druck einerseits auf die Topfwände und den Deckel, andererseits auf das Kochgut wirkt, Kochgut ist tierischen oder pflanzlichen Ursprungs. Fleisch im lebenden Tier steht unter dem Druck des Blutes und der Gewebsflüssigkeit. In Pflanzen bewirkt der Druck der von der Wurzel nach oben strebenden, mit Nährstoffen beladenen Säfte einen sehr hohen Druck. Daher ist die Struktur aller Nahrungsmittel kapillar-porös und damit besonders für Aufnahme und Weitergabe von Druck geeignet. Der im Schnellkochtopf befindliche Dampf ist nun mit 107 °C bis 120 °C sowieso erheblich heißer als die sonst üblichen Kochtemperaturen. Darüber hinaus preßt der Druck den heißen Dampf in das Kochgut hinein, wodurch eine um insgesamt etwa 75 % kürzere Garzeit erreicht wird. Weil der Druck das Kochgut im Topf völlig umgibt, wird der heiße Dampf von allen Seiten her in Richtung Mitte gedrückt. Wenn auch in der Mitte das Kochguts die zum Garen nötige Hitze herrscht, ist das ganze Kochgut durch und durch gar.

Dünn geschnittenes Kochgut wird natürlich vom Druck schneller völlig durchdrungen als dickes. Wenn Sie also die Garzeit verkürzen wollen, müssen Sie das Kochgut kleiner schneiden. Ebenso selbstverständlich ist, daß der Druck schneller durch zartes, saftreiches Gewebe findet als durch zähe, saftarme Stoffe.

Die Garzeit wird also einerseits durch die Dicke des Kochgutes, andererseits durch die Konsistenz oder Zähigkeit der Nahrungsmittel bestimmt.
Vielleicht kommen Ihnen Bedenken, Kochgut zum Garen im Schnellkochtopf in dünnere Scheiben zu zerlegen, da Sie vom üblichen Kochen her wissen, daß dadurch viel Saft verlorengeht. Diese Angst brauchen Sie beim Schnellkochen nicht zu haben, denn der Druck während des Garvorgangs preßt ja während des Ankochens und des Garens den Saft in das Kochgut hinein. Es bleibt besonders saftig. Erst beim Ablassen des Druckes vor dem Öffnen des Topfes wird etwas Saft ausgeschieden.
Wenn Sie sich über die bisher geschilderten physikalisch-technischen Vorgänge im Schnellkochtopf klar sind, so kann es Ihnen nicht schwerfallen, auch die praktischen und ernährungsphysiologischen Auswirkungen zu begreifen.

Schnellkochkost

vollwertig, wohlschmeckend, bekömmlich

An unsere moderne Kost wird eine Reihe von Anforderungen gestellt. Sie soll in erster Linie hochwertig, wohlschmeckend und gut bekömmlich sein.

Unter Hochwertigkeit ist zu verstehen, daß die vielerlei lebenswichtigen Wirkstoffe unserer Speisen bestmöglich erhalten bleiben. Diese nur in minimalen Mengen in den Speisen enthaltenen Stoffe, die aber unentbehrlich sind und deren Fehlen alle möglichen Krankheiten verursachen kann, sind leider meist besonders empfindlich. In erster Linie handelt es sich dabei um Vitamine, Mineralsalze und Spurenelemente.

Als größter Feind der Vitamine wurde der Sauerstoff der Luft erkannt. Je länger er auf Speisen einwirken kann, desto mehr werden die Vitamine angegriffen. Noch größer werden die Verluste bei zusätzlicher Einwirkung von Licht und – auch milder – Wärme. Das langsame »Köcheln« ist reiner Vitaminmord. Dagegen wirkt die rasche Garung ohne Luft und Licht ausgesprochen vitaminschonend.

Sehr wichtig ist auch die Erhaltung der nahrungseigenen Mineralsalze, an denen vor allem die Gemüse sehr reich sind. Wenn von Salz geredet wird, denkt man meist an Kochsalz, das aber die ernährungsmäßig ungünstigste Salzform ist. Es hält im Körperkreislauf große Mengen Flüssigkeit fest, die den Kreislauf belasten. Bei der traditionellen Art des Kochens war jedoch der Zusatz von Kochsalz unentbehrlich, da die nahrungseigenen Salze beim langen Kochen in das Kochwasser übergingen und sich auch mit dem Dampf verflüchtigten. Diese nahrungseigenen Salze sind jedoch nur in geringem Umfang Natriumsalze wie das Kochsalz, sondern vielmehr Kalium-, Kalzium- und Magnesiumsalze, die entwässernd wirken und damit den Kreislauf entlasten. Diese Salze werden beim Schnellkochen erhalten. Damit entsteht automatisch eine hochwertige Diätkost, die nicht fade schmeckt. Wenn etwas Kochsalz beigegeben werden soll, so darf es erst nach dem Garen vor dem Auftragen erfolgen, da das Kochsalz-Natrium die anderen Salze aus dem Kochgut verdrängt.

Vielfach wird Würzen und Salzen verwechselt. Im Gegensatz zu reichlichen Salzgaben ist die Anwendung auch scharfer Gewürze fast immer unschädlich, häufig sogar erwünscht, da sie anregend auf die Verdauungsorgane wirken.

Die Spurenelemente, deren Wichtigkeit derjenigen der Vitamine gleichgesetzt wird, bleiben im Schnellkochtopf aus den gleichen Gründen erhalten wie die Mineralsalze.

Aromastoffe wirken appetitanregend. Sie werden um so ausgeprägter entwickelt, je stärker die Nahrung erhitzt wird. die rund 20 % heißere Schnellkochkost entwickelt also ein viel ausgeprägteres Aroma. Das macht sich besonders bei Gemüse bemerkbar.

Wie steht es aber mit der Aromavermischung, wenn im Schnellkochtopf Menü gekocht wird, also die verschiedensten Bestandteile einer Mahlzeit gleichzeitig in einem Topf gegart werden? Tatsächlich ist eine Aromamischung nur dort möglich, wo während des Garens Säfte verschiedener Speisen direkt zusammenfließen können. Warum im übrigen auch bei so extremen Zusammenstellungen wie gedämpftem Fisch und Zwiebackpudding keine Mischung erfolgt, ist wieder eine ganz einfach zu erklärende Auswirkung des Drucks in den Töpfen. Während des Ankochens und Garens verhindert der auf dem Kochgut lastende Druck nicht nur den Saft-, sondern auch den Aromaaustritt. Während der Topf durch Druckentlastung zum Öffnen vorbereitet wird, entweicht auch Druck aus dem Kochgut. Damit entweicht wohl auch Aroma, aber da jedes Kochgut Druck ausströmt, kann frem-

des Aroma nicht aufgenommen werden. Erst wenn man einen drucklosen Topf gefüllt stehenläßt, statt ihn zu entleeren, tritt allmählich eine Aromamischung ein.
Sehr wesentlich ist die bessere Bekömmlichkeit, vor allem von sonst schwerverdaulichen Speisen wie Kohl und Hülsenfrüchten. Untersuchungen eines Universitätsinstituts führen dies auf die vollständigere Durchgarung zurück. Die völlige Erschließung des Kochgutes hinterläßt keine unverdaulichen Reste, die vor allem Magen- und Galle-Leber-Kranken schwere Beschwerden machen können.
Die praktischen Vorteile des Schnellkochtopfes sind meist ausschlaggebend für seine Anschaffung. Dabei spielen eine besondere Rolle die enorme Zeitersparnis und die Vereinfachung des Kochens. Am meisten fällt dies natürlich bei länger zu garendem Kochgut auf. Es gibt aber eine Menge von Gründen, den Schnellkochtopf auch bei kürzer zu garendem Essen bevorzugt einzusetzen. Einerseits entwickeln sich viel weniger Küchendunst und -geruch, andererseits treten Aroma und die natürlichen Farben des Kochgutes besser hervor.
Die Energiekostenersparnis kann je nach Haushaltsgröße und Häufigkeit der Topfbenützung so groß sein, daß sich die Anschaffungskosten schon nach wenigen Monaten bezahlt machen.
Kocht man Menü, also mehrere Speisen gleichzeitig in einem Topf, so ist auch die Spülarbeit geringer.
Apropos Spülen: Alle Töpfe dürfen in die Spülmaschine, die Deckel bei den meisten Modellen nicht. Allerdings gibt es einen Hersteller, dessen Töpfe mitsamt dem Deckel in den Geschirrspüler wandern können.

Menükochen oder nicht?

Vor dem Kauf eines Topfes sollten Sie sich darüber klar werden, ob Sie Menü, d.h. möglichst viele Bestandteile einer Mahlzeit, z.B. Fleisch, Gemüse und Beilagen gleichzeitig in einem Topf kochen wollen. Dann müssen Sie einen hohen Topf mit möglichst 3 Kochetagen übereinander kaufen. Wollen Sie nicht Menükochen, genügt ein kleinerer Topf oder vielmehr in diesem Fall noch besser mehrere Töpfe verschiedener Größe. Eventuell wollen Sie auch einmal ein ganzes Huhn oder sonstige größere Speisen zubereiten, für die ein größerer Topf nötig ist?
Gegen das Menükochen sprechen zwei Einwände: 1. Es sei unpraktisch wegen der verschiedenen Garzeiten, z.B. beim gleichzeitigen Garen von Fleisch und Gemüse. 2. Beim Menükochen gäbe es ein Einheits-Mischaroma.
Den zweiten Einwand haben wir bereits widerlegt. Der erste Einwand kann bis zu einem gewissen Grad anerkannt werden. Die begeisterten Urteile von vor allem berufstätigen Frauen über das Menükochen beweisen aber, daß zumindest bei der täglichen Hausmannskost das Menükochen als besonders praktisch empfunden wird. Auch im Kochunterricht der Schulen wird auf das Menükochen besonders eingegangen.
Wenn man weiß, wie man die Garzeitdifferenz umgehen kann, dann kann man die meisten Mahlzeiten als Menü kochen. Mehr darüber in dem Abschnitt über die Praxis des Schnellkochens.
Der Alleinstehende, der ausschließlich für sich kocht, kann auch in einem kleinen Topf mehrere Bestandteile einer Mahlzeit zusammen kochen, indem er entweder Tassen, Schalen bzw. zur Aufnahme der einzelnen Bestandteile benützt, oder mit mehrmals verwendbarer starker Alu-Folie unterteilt.

Die Töpfe

An dieser Stelle soll weder auf die Töpfe im einzelnen eingegangen werden, noch auf die Materialien, aus denen sie hergestellt sind. In dieser Hinsicht sollen Sie sich in einem guten Fachgeschäft beraten lassen.
Wir wollen hier nur auf die wesentlichen Bestandteile, ihre Aufgaben, ihre Pflege und ganz besonders auf ihre Sicherheit eingehen.
Nun wurden ja die Töpfe in den letzten Jahren in vielen kleinen Einzelheiten immer praktischer und sicherer, so daß sie heute als narrensicher zu bezeichnen sind. Zwar kümmern sich in Deutschland, Österreich und der Schweiz staatliche Institutionen um die Einhaltung der notwendigen Sicherheitsvorschriften. Aber eine solche Sicherheitsvorrichtung kann nur funktionieren, wenn sie in Ordnung ist. Und sie kann nur in Ordnung gehalten werden, wenn der Topfbenützer über ihre Aufgabe aufgeklärt ist und weiß, wie er sie in Ordnung halten muß.
Bei einem Schnellkochtopf müssen Topf und Deckel drucksicher abgedichtet werden können. Das besorgt ein Dichtungsring von Lebensmittelqualität. Der Ring kann fest im Deckel sitzen, lose im Deckelrand liegen oder auf dem Topfunterteil aufliegen. Der Dichtungsring altert. Dann wird er spröde und dichtet nicht mehr genügend. Wechseln Sie ihn rechtzeitig aus! Die geringen Kosten ersparen Ihnen manchen Ärger. Der Dichtungsring ist stets rein zu halten. Schon staubfeine Essensreste an einer empfindlichen Stelle können ein Undichtwerden verursachen. Bei einzelnen Systemen hat der Dichtungsring auch eine Sicherheitsfunktion: Wenn das Ventil aus irgendeinem Grund ausfällt, wird

bei zu hohem Druck der Dichtungsring aus Schlitzen am Deckelrand gedrückt.
Bei den meisten Töpfen vermittelt ein Bajonettverschluß die Verbindung zwischen Topf und Deckel. Hier können unbewußt Bedienungsfehler gemacht werden. Ein Bajonettverschluß hat nämlich nur eine einzige Stellung, in der er richtig und völlig verschlossen ist: dann, wenn Topfgriff und Deckelgriff genau übereinanderstehen. Gelegentlich wird versucht, einen nicht ganz dichtenden Topf durch Verschieben des Deckels zum Dichten zu bringen. Manchmal kann das gelingen. Wenn aber Topfgriff und Deckelgriff nicht übereinanderstehen, wird die Kontaktfläche zwischen Topf und Deckel geringer. Damit wird die Möglichkeit vergrößert, daß der Deckel dem Druck nicht standhält.
Gegen diese Möglichkeit gibt es bei verschiedenen Topfsystemen automatische Sicherheiten. Teilweise sind Topf- und Deckelsegmente so geformt, daß sie erst in der richtigen Lage völlig im Einklang sind. Oder im Deckelrand sind federnde Knöpfe vorgesehen, die den Dichtungsring so lange beiseite schieben und damit die Druckbildung verhindern, bis die Griffe richtig übereinanderstehen.
Gleiche Sicherheitsfunktionen haben auch Stifte oder Nocken, die irgendwo im Topfrand sitzen und verhindern, daß der Deckel weiter nach links gedreht werden kann als bis zur richtigen Stellung. Wie die aus Schlitzen am Deckelrand gedrückten Dichtungsringe dienen bei anderen Systemen im Deckel sitzende Gummipfropfen der Verhütung von Überdruck. Sie werden bei Überdruck teilweise aus dem Deckel gedrückt. Dadurch werden Bohrungen freigegeben, die den Druck entweichen lassen.
Die wichtigste Bedienungs- und Sicherheitsvorrichtung ist das stets im Deckel sitzende Ventil. Es dient einerseits als Druckanzeiger, andererseits soll es Überdruck ablassen.
Die sehr einfachen **Gewichtsventile** sind nahezu vom Markt verschwunden, allerdings besitzen die Töpfe einer Serie von Schnellkochtöpfen, die nur über den Versandhandel vertrieben

wird, noch diese Art von Ventil (siehe Herstellerverzeichnis, Seite 9). Sobald der richtige Druck erreicht ist, beginnt das Ventil zu pendeln oder leicht zu schwanken. Die Energiezufuhr wird dann gedrosselt und so eingestellt, daß die Pendelbewegung gerade noch erfolgt. Die Deckelöffnungen von Gewichtsventilen müssen nach jedem Gebrauch peinlich genau in Augenschein genommen werden, da sie leicht verstopfen. Zu jedem Topf gehört ein Stift, mit dem dieses Röhrchen gereinigt werden kann.

Bei **Federventilen** wirken Federn dem Druck im Topf entgegen. Die feinere der beiden Federn reguliert einen Druckanzeigerstab mit Markierungen. Die stärkere Feder gibt bei Überdruck Bohrungen frei, über die der Druck entweichen kann. Federventile sollten nach jedem Kochen gereinigt werden, am besten, indem man sie federnd unterm Wasserhahn auswäscht. Etwa alle 14 Tage, oder wenn Speisen ins Ventil gelangten, werden sie zerlegt und gründlicher gereinigt, wobei darauf zu achten ist, daß die Federn nicht verzogen werden. Stimmen Garzeiten in auffälligem Maße nicht mehr, so müssen die Federn oder die ganzen Ventile ersetzt werden.

Die allerneuesten Töpfe besitzen **wartungsfreie Ventile,** zum Teil mit einer sogenannten Torsionsfeder, die ein sanftes Abblasen des Dampfes erlaubt und nicht mehr durch plötzlichen, stoßweisen Dampfaustritt erschreckt.

Früher waren Ventile auf die Arbeit mit 2 oder 3 Drücken eingerichtet. Das war umständlich, verwirrend und unnötig. Heute kocht jedes System fast ausschließlich mit nur noch einem Druck, der allerdings innerhalb der Systeme verschieden ist. Die bei uns gebräuchlichen Drücke schwanken zwischen 0,3 und 1 atü und den entsprechenden Gartemperaturen von 107 bis 120 °C. Je geringer Druck und Temperatur, desto länger natürlich die Garzeit.

Topfgriffe sollten handlich und vor allem auswechselbar sein. Bei den im allgemeinen unverwüstlichen Töpfen kann schon einmal ein Kunststoffgriff brechen.

Zubehör:
Zu allen Töpfen gehören Einsätze und Tragegestelle, die z.B. beim Menükochen über Fleisch gestellt werden, wenn darüber Gemüse und Beilagen gegart werden sollen. Damit man die Einsätze auch direkt auf den Topfboden stellen kann, wenn man bestimmte, besser im Einsatz verarbeitete Speisen garen will, haben die Einsätze Füßchen oder dementsprechende Ausbuchtungen am Einsatzboden. Der Einsatz darf nie direkt auf dem Topfboden stehen, sondern muß sich stets über Wasser befinden.
Die Füßchen oder Ausbuchtungen sollten so hoch sein, daß sich erstens genügend Wasser darunter unterbringen läßt und zweitens darüber hinaus zwischen der Wasseroberfläche und dem Einsatz ein Raum von ca. 10 mm bleibt, in dem sich der entstehende Dampf ausdehnen kann. Ist der Raum zu gering, so wird das Wasser in die Einsätze hineingedrückt.
Man unterscheidet gelochte und ungelochte Einsätze. Erstere dienen vor allem der Zubereitung von Pell- und Salzkartoffeln. Bei Gemüsen sollte man sich ihre Verwendung überlegen, da dabei wertvolle Gemüsesäfte ins Kochwasser oder in die Bratentunke entweichen können, die beim Anrichten fehlen. Als Siebeinsatz leistet der gelochte Einsatz bei Brühen jeder Art und beim Entsaften gute Dienste. Im ungelochten Einsatz bereitet man alles das zu, was mit Flüssigkeit angesetzt wird oder beim Garen Flüssigkeit ausscheidet, einerseits Suppen und Reis, andererseits Fisch, Kohl und, wie gesagt, auch Gemüse.
Wer konsequent schnellkochen will, soll sich nicht mit den mitgelieferten Einsätzen begnügen. Man sollte von jeder Einsatzart zwei Stück besitzen, da man dann erst nach Belieben kombinieren kann. Die geringe Anschaffung lohnt sich rasch.
Zu niedrige Einsätze sind ebenso ungünstig wie zu hohe. In niedrigen Einsätzen leidet Kochgut von einiger Dicke. Bei zu hohen Einsätzen, die ungelocht sind, wird das Eindringen des Druckes in höher geschichtetes Kochgut, wie etwa Sauerkraut, verzögert. Eine Höhe um 5 cm scheint am praktischsten zu sein. Gegebenen-

falls sind bei einer größeren Kochgutmenge zwei niedere Einsätze übereinander praktischer als ein hoher Einsatz.

Topfgrößen – Schnellbratpfannen

Alle Fabrikate führen mehrere Topfgrößen zwischen 2 und 10 Liter. Die kleinsten Produkte der Schnellkochtopfhersteller sind die **Schnellbratpfannen** mit einem reinen Fassungsvermögen um 2–2,5 Liter. Man kann sie ohne Deckel wie gewöhnliche Pfannen verwenden. Mit Deckel können in ihnen vor allem nicht zu große Fleischgerichte nach den üblichen Schnellkochrezepten und -garzeiten hergestellt werden. Zu beachten ist, daß infolge des geringen Dampfraums die Einregulierung des Drucks nach den Ventilen besonders genau beobachtet werden muß. Töpfe um 3 Liter sind »Junggesellentöpfe« für eine Person. Wenn sie einen ungelochten Einsatz mit Füßen haben, kann man aber schon allerhand Menüs darin kochen. Für 2 Personen benötigt man mindestens 4–5 Liter, unbedingt mit der Möglichkeit, in 2 Etagen zu kochen. Die normalen Schnellkochtöpfe für Haushalte mit 4 Personen sollten 6–8 Liter fassen und ein Kochen in 3 Etagen ermöglichen. Größere Töpfe mit 9–10 Liter sind Übergrößen für sehr große Familien, für die Landwirtschaft und für kleinere Gaststätten. Übergrößen zwischen 15 und 30 Liter kommen nur für die Gastronomie und andere Großküchen in Betracht. Sie können wirtschaftlich nur auf Großküchenherden verwendet werden.
Die sehr großen Haushalttöpfe um 9–10 Liter sind unhandlich und sollten besser durch einen größeren und einen kleineren Topf ersetzt werden.
Wenn Sie neue Töpfe kaufen, so achten Sie auf bekannte Marken mit der Garantie, daß stets Ersatzteile, wie Dichtungen, Sicherheitsbolzen, Ventilteile usw. erhältlich sind.
Bei der Bemessung der Topfgröße sollten Sie berücksichtigen, daß der Deckel mit allem Zubehör das Teuerste am Topf ist, wäh-

rend die Unterschiede im reinen Untertopfpreis gering sind. Wählen Sie daher keinen zu kleinen Topf. Man ist manchmal froh, größeres Kochgut auch einfach in den Schnellkochtopf stecken zu können.
Wenn Sie nicht Menü kochen wollen, kommen Sie natürlich mit kleineren Töpfen aus, sollten aber mehrere Töpfe einsetzen können. Haben Sie die Absicht, jetzt oder später allmählich mehrere Töpfe anzuschaffen, so ist es vorteilhaft, wenn alle Topfgrößen gleiche Durchmesser haben. Dann passen alle Topfteile, Deckel, Einsätze, Dichtungsringe usw. zusammen und können ganz nach Bedarf kombiniert werden.

Der Kochvorgang

Wenn Sie schnellkochen wollen, bedenken Sie bitte folgendes:

1. Sie sollten genau wissen, was Sie kochen wollen und alle Bestandteile der Mahlzeit griffbereit zur Hand haben: Gemüse schon gewaschen und soweit nötig geschnitten, Salzkartoffeln geschält. Es geht nachher bei den meisten Speisen so schnell, daß Sie vielleicht nur noch den Tisch decken oder einen Salat oder eine Nachspeise anrichten können.

2. Um richtig kochen zu können, müssen Sie die Garzeiten unbedingt durch einen Kurzzeitmesser überwachen, die z. T. schon mit Aufdruck der wichtigsten Garzeiten erhältlich sind.

3. Kochen Sie zeitlich möglichst so, daß der Topf sofort geöffnet und der Inhalt serviert werden kann. Warm gehaltene und aufgewärmte Speisen unterliegen erheblichen Wertstoff- und Geschmacksverlusten.

4. Servieren Sie Gemüse, Salzkartoffeln, Saucen, Fleisch möglichst auf gut vorgewärmten Platten. Schnellkochkost kann schneller abkühlen!

Ohne Wasser kein Dampf, ohne Dampf kein Druck und kein Schnellkochen. Das Wasser muß stets auf dem Topfboden sein. Es genügt nicht, wenn Sie Wasser in einem Einsatz haben. Auch wenn Sie mit Fett auf dem Topfboden angebraten haben, muß anschließend Wasser angegossen werden.
Die Wassermenge ist davon abhängig, ob Sie das Wasser nur zur

Dampf- und Druckerzeugung benötigen oder Brühe, Tunke usw. herstellen wollen. Im ersten Fall ist die benötigte Menge abhängig von der Topfgröße, der Garzeit, der Menge und Art des Kochgutes und letzten Endes davon, ob Sie den Topf während der Garzeit überwachen und nur so viel Wärme zuführen, daß der vorgeschriebene Druck gerade erhalten bleibt oder ob Sie aus Bequemlichkeit lieber etwas mehr aufdrehen, den Topf dampfen lassen und damit natürlich mehr Wasser benötigen als unbedingt nötig. Auch eine lange Garzeit und ein großer Topf brauchen mehr Wasser. Menge und Art des Kochgutes spielen insofern eine Rolle, als es Kochgut gibt, das aus dem Dampf mehr Wasser aufnimmt, z. B. vor allem Obst, Fisch, Zwiebackpudding und bis zu einem gewissen Grad auch Salzkartoffeln. Die Flüssigkeitsmenge für Saucen wird bestimmt von der benötigten Saucenmenge, wobei man bei längerer Garzeit für den Dampfverbrauch etwas mehr beigeben kann. Wenn der zur Verfügung stehende Raum im Topf zu gering ist, um größere Mengen von Brühe herzustellen, bedeckt man Fleisch, Knochen, Gemüse nur knapp mit Wasser, stellt einen Extrakt her, den man dann mit heißem Wasser unter kurzem Aufkochen verdünnt.

Benötigen Sie das Wasser nur zur Dampferzeugung, so ist etwas mehr stets besser als etwas zu wenig. Angaben in einzelnen Kochbüchern wie: »halbe Tasse« sind nicht nur ungenau, da eine Tasse zwischen 100 und 200 ccm fassen kann, sondern auch so knapp, daß diese Menge nur für kleine Töpfe mit kurzer Garzeit reicht. Man muß dann seinen Topf und die Heizquelle sehr genau kennen und darf nicht dazwischen öffnen, um etwa noch einen Einsatz beizugeben. Bei einem solchen Vorgang wird viel Dampf verbraucht. Im klaren sein müssen Sie sich auch über die Vorgänge im Topf während der 3 Kochperioden, die beim Schnellkochtopf sehr ausgeprägt sind. Nämlich 1. die Steig- oder Ankochzeit, 2. die Garzeit und 3. die Fall- oder Absitzzeit.

Zur besseren Verständlichkeit hier eine kurze Übersicht der 3 Kochperioden:

1. **Die Steig- oder Ankochzeit** beginnt mit der Wärmezufuhr und endet bei der vorgeschriebenen Ventilanzeige (schäumende Speisen offen ankochen, abschäumen).
Bei regelmäßigem Dampfaustritt auf die verlangte Kochstufe schalten (bei Gewichtsventilen jetzt Ventil einsetzen). Ankochen stets mit Wasserbeigabe auf dem Topfboden!

2. **Die Garzeit** beginnt mit der richtigen Ventileinstellung. Die Bio- oder Schongarstufe ist bei den meisten Modellen mit dem Erscheinen des 1. bzw. des grünen Ringes erreicht; die zweite Garstufe fängt mit dem 2. oder gelben Ring an. Mit dem Erscheinen des 3. oder roten Ringes wird zuviel Druck im Topf signalisiert. Sofort die Hitze wegnehmen!
Sobald also die richtige Garstufe erreicht ist, den Kurzzeitmesser einstellen, die Energiezufuhr drosseln, so daß die Ventilstellung bleibt. Bei Beendigung der Garzeit die Wärmezufuhr unterbinden; bei Elektroöfen den Topf von der heißen Platte ziehen.

3. **Die Fall- oder Absitzzeit** läuft ab, während der Druck aus dem Topf vor dem Öffnen völlig entlassen wird. Möglichkeiten:
a) absitzen lassen – Vorteil: bequem, keinerlei technische Handgriffe. Die im Buch angegebenen Garzeiten enthalten die dabei entstehenden Nachgarzeiten.
Nachteil: längere Dauer, starke Bildung von Kondenswasser.
b) Schnellöffnungsmethoden – da die Absitzzeit wegfällt, muß einige Minuten länger gegart werden.
b I) Abdampfen – Vorteil: keinerlei Kondenswasser. Unter keinen Umständen abdampfen: Brühe, Suppen, zartes Kochgut wie Klöße, Pudding, Eingedünstetes.
b II) Übergießen des Deckels mit kaltem Wasser – Vorteil: bequem und schnell.
Nachteil: Bildung von etwas Kondenswasser.

Eingehende Beschreibung der Kochperioden

1. **Die Steig- oder Ankochzeit** beginnt mit der Erhitzung und endet mit der Erreichung des vorgeschriebenen Druckes, d.h. wenn die Markierung für den richtigen Druck am Druckanzeiger des Ventils sichtbar wird. Die Dauer dieser Periode läßt sich nicht angeben. Sie hängt ab von der Größe des Topfes, der Stärke der Heizquelle, sowie von Menge, Art und Wärme des Topfinhaltes.

Alle schäumenden Kochgüter wie Hülsenfrüchte, kalt angesetzte Brühen, vor allem aber Innereien wie Lunge und Leber, müssen unbedingt im offenen Topf angekocht werden. Erst nach gründlichem Abschäumen darf der Deckel geschlossen werden.

Bevor man den Topf verschließt, soll zuerst der Topfrand mit einem sauberen Tuch abgewischt werden. Besonders wichtig ist dies dann, wenn beim Anbraten Fett hochgespritzt ist, das den Dichtungsring vorzeitig unbrauchbar machen kann.

Kochen Sie stets mit offenem Abdampfregler bzw. in Griffstellung »Öffnen/Schließen« (bei Gewichtsventilen ohne Ventil) an, damit nicht nur die Luft aus dem Topf gründlich vertrieben wird, sondern vor allem auch der heiße Dampf rasch und gleichmäßig den ganzen Topfraum ausfüllen kann. Dieses etwa einminütige »Entlüften« ist auch deshalb so wichtig, da die Garzeiten sonst viel länger würden. Den Regler also erst auf die gewünschte Stufe bzw. auf »Kochen« schalten, wenn kräftig Druck entwichen ist. Bei Gewichtsventilen jetzt das Ventil einsetzen.

Will man bei Gemüsen mit scharfem Geschmack, vor allem Rosenkohl und anderen Kohlsorten, die Schärfe mildern, so lasse man den Dampf stark entströmen. Die scharfen Gerüche schwinden und der Kohl wird bekömmlicher. Man vergesse aber nicht, daß dieses Dampfen Wasser verbraucht und gebe ⅛ l Wasser mehr als üblich in den Topf.

Wenn jetzt auf »Zu« oder »Kochen« geschaltet wird, so stellt sich bald der vorgesehene Druck ein – am Druckanzeiger erscheint

die vorgeschriebene Markierung, die Garzeit beginnt. Den Kurzzeitmesser einstellen und die Wärmezufuhr so regulieren, daß der gewünschte Druck gerade eben eingehalten wird.
In diesem Zusammenhang einige Worte über die verschiedenen Energiearten. Kochen Sie mit Gas, so ist es einfach, bei Beginn der Garzeit die Wärme schnell zu drosseln und neu einzustellen. Bei Holz-Kohle-Herden kennt jede Hausfrau die heißesten Stellen der Herdplatte und verschiebt den Topf auf der Platte so weit, daß nicht mehr die volle Wärme einwirken kann. Bei Elektroherden wissen Sie, daß nach dem Zurückschalten noch eine manchmal recht beträchtliche Restwärme in den Platten verbleibt, die das Ventil und damit den Wasserverbrauch unnötig hochgehen lassen kann. Sie müssen also in diesem Fall schon zurückschalten, bevor der Druckanzeiger ganz in der richtigen Stellung ist.
Bei Elektroherden sind Schnellkochplatten mit 6-Takt-Schaltern am praktischsten. Problematisch können Automatic-Platten werden, wenn die Automatic nicht abschaltbar ist. Bei kleinen Töpfen mit geringem Inhalt stört die Funktion der Automatic den Ablauf des Schnellkochens nicht. Je größer aber der Topf und dadurch der Inhalt, desto größer die Möglichkeit, daß die Automatic zu einem Zeitpunkt schaltet, der nicht in den Kochablauf des Schnellkochtopfes paßt. Eine Störung, die öfters eintritt und deren Zusammenhang mit der Automatic-Platte meist nicht erkannt wird.

2. **Die Garzeit,** während der Druck und Temperatur durch Regulierung der Wärmezufuhr auf der vorgeschriebenen Höhe gehalten werden müssen, ist in den Rezepten sehr genau angegeben. Nur altes, eingetrocknetes Kochgut und ungewöhnlich dikke Stücke müssen länger gegart werden. Die Garzeit ist unbedingt mit dem Kurzzeitmesser zu überwachen. Eine geringe Übergarung ist weniger unangenehm als eine zu knappe Garzeit.
Beim Menükochen müssen die Garzeiten der verschiedenen Speisen entweder durch dünnes Zuschneiden einander angeglichen

werden oder man muß »unterbrechen«, d. h. langgarende Kochgüter teilweise angaren, den Topf rasch öffnen und die kurzgarenden Beilagen wie Gemüse, Reis, Kartoffeln in Einsätzen zufügen und dann zusammen fertiggaren.
Das Angleichen von Kochgütern durch dünneres Zuschneiden bezieht sich vor allem auf Fleisch, kann aber auch bei großen Möhren oder dicken Kartoffeln notwendig werden. Bei Fleisch schneidet man große Stücke in Portionsscheiben von etwa 10 mm Dicke an, schneidet durch bis auf 1 cm und gibt ganz unten in die Schnitte schmale Stückchen von Möhren oder Sellerie, um die Schnitte offenzuhalten, und gart dann wie gewöhnlich. Das fertige Fleisch kann dann vollends durchgeschnitten und als Portionen aufgetragen werden. Der Druck im Topf verhindert den sonst beim Anschneiden zu erwartenden Saftverlust. Diese dünnen Fleischstücke sind dann in 10–12 Minuten fertig und können mit Gemüsen, Reis, Kartoffeln gleichzeitig gegart werden.

3. **Die Fall- oder Absitzzeit** ist die Zeit, während der Topf zum Öffnen vorbereitet wird. Versuchen Sie nie, einen Schnellkochtopf zu öffnen, solange noch Druck im Topf ist. Wenn die Griffe auch nur noch ein wenig klemmen, ist noch Druck im Topf. Es gibt verschiedene Wege, den Druck abzubauen. Am einfachsten ist das »Absitzenlassen«. Man stellt den Topf beiseite (nicht auf der noch warmen Elektroplatte stehenlassen!). Der Druck entweicht dann je nach Topfgröße, Art und Menge des Inhalts und Art des Ventils in 2 bis etwa 25 Minuten. Heiße, fette Brühen brauchen besonders lange. Ist der Druckanzeiger völlig gesunken und kommt beim vorsichtigen, stufenweisen Zurückziehen des Kochreglers kein zischender Dampf mehr, dann kann ohne weiteres geöffnet werden. Seien Sie sich aber darüber im klaren, daß die lange Zeit des Absitzenlassens infolge der weiteren Wärmeeinwirkung eine versteckte Nachgarzeit ist. **Da man grundsätzlich alle Speisen absitzen lassen kann, sich aber**

nicht alle Speisen für alle Arten von Schnellöffnungsmethoden eignen, sind in diesem Buch alle Garzeiten so angegeben, wie man sie beim Absitzenlassen benötigt. Man muß dann bei Anwendung von Schnellöffnungsmethoden **um ca. 2 Minuten länger garen,** um die Absitzzeit auszugleichen.
In einzelnen Fällen kann allerdings das Absitzenlassen kochtechnisch unerwünscht sein. Der Dampf verwandelt sich nämlich dabei wieder zu Wasser, zu Kondenswasser, das z. B. bei Salzkartoffeln zur Verwässerung, bei Blumenkohl zur Verfärbung führen kann. In diesem Fall ist also eine Schnellöffnungsmethode angebracht, und zwar am besten in Form des Abdampfens, bei dem die Kondenswasserbildung völlig unterbunden werden kann.

Schnellöffnungsmethoden

Zum Abdampfen grundsätzlich den Topf von der Kochstelle nehmen. Die meisten modernen Töpfe verfügen über Abdampfregler im Griff, die man langsam und stufenweise aufdreht, bzw. einen Kochregler, den man nach und nach zurückzieht, bis kein Dampf mehr entweicht und der Druckanzeiger völlig zurückgesunken ist. Manche Töpfe besitzen auch eine Sicherheitstaste, mit der man prüfen kann, ob noch Druck im Topf ist und mit der gleichzeitig auch abgedampft wird. Bei Gewichtsventilen wird das Ventil immer wieder angestoßen, so daß der Dampf zischend entweichen kann.
Eine sehr einfache Methode ist es, den Topf ins Spülbecken zu stellen und kaltes Wasser über den Deckel laufen zu lassen, bis der Druckanzeiger völlig gesunken ist.
Völlig unnütz wäre es, Töpfe in kaltes Wasser zu stellen, da die Abkühlung ja nicht unten im Bereich der Speisen, sondern oben im Bereich des Dampfraumes erfolgen muß.
All das liest sich übrigens komplizierter, als es ist. In Wirklichkeit ist das Handhaben des Schnellkochtopfes reine Übungssache und geht dann ganz leicht!

Kochbeispiele

Um nicht bei jedem der folgenden Rezepte immer wieder im einzelnen auf die Kochtechnik eingehen zu müssen, sollen jetzt einige Rezepte mit allen Handgriffen durchexerziert werden.
Zunächst allgemein die Frage des Salzens und Würzens. Sie können alles, mit Ausnahme von Reis und Teigwaren, völlig ohne vorher zu salzen ankochen und garen und erst nach dem Garen nach Belieben Salz zugeben. Sie brauchen dann erheblich weniger Kochsalz und schonen die besonders wertvollen Mineralsalze des Kochgutes. Wenn Ihnen diese Kost nicht zusagt, können Sie natürlich auch schon vor dem Garen etwas salzen, nehmen aber weniger als beim üblichen Kochen. Die Gewürze, Pulver, konzentrierte Extrakte in Markform oder frische oder getrocknete Kräuter sollen nicht, wie etwa beim Anbraten möglich, in heißes Fett gegeben werden. Diese Gewürze neigen in der Mehrzahl zum Verkohlen und werden bitter. Sie sollen erst in die Sauce oder auf die Kochgüter gegeben werden. Frische, kleingewiegte Kräuter gibt man am besten erst beim Anrichten über die Gerichte.
Zum Anbraten verwendet man am besten Kokosfett oder gutes kalt geschlagenes Öl. Mit Butter oder Schmalz soll man nicht bei hoher Temperatur schnell anbraten.
Wenn man Butter oder Schmalz als Geschmacksnote zufügen will, so gibt man sie entweder erst nach dem Garen über die Speisen oder nur so, daß sie nicht vor der Wasserbeigabe auf dem Topfboden überhitzt werden können.
Im Gegensatz zu der traditionellen Art des Kochens können Sie das angebratene Fleisch ruhig mit kaltem Wasser aufgießen.

Die Verwendung von heißem Wasser kann wohl das Ankochen geringfügig beschleunigen, ist aber im ganzen gesehen kein Vorteil, unter Umständen sogar nachteilig.
Zuletzt das Wichtigste: die Garzeiten. Ich habe einleitend erklärt, daß und warum bei höheren Drücken nicht nur höhere Gartemperaturen, sondern auch kürzere Garzeiten eintreten. Die in Deutschland, Österreich und der Schweiz hergestellten Schnellkochtöpfe sind auf Drücke zwischen 0,3 und 1 atü eingestellt. Der Garzeitunterschied im Bereich dieser Drücke macht sich nicht oder fast nicht bemerkbar bei schnell garenden Kochgütern wie Obst und feinen Gemüsen. Auch in den Bereichen zwischen 0,8 und 1 atü ist der Unterschied nicht wesentlich. Aber schon bei Pellkartoffeln garen gleich große Kartoffeln bei 0,7 atü um 10 % langsamer als bei 1 atü und bei 0,5 atü schon um 20 % langsamer. Bei länger garenden Kochgütern, z. B. größeren Fleischstücken, Rindszungen, ganzen Erbsen in der Schale werden die Unterschiede besonders deutlich.
Da über die Hälfte aller unserer Schnellkochtöpfe mit 1 atü garen, haben wir in den folgenden Rezepten die Garzeiten auf 1 atü abgestellt. Haben Sie einen Topf mit geringeren Drücken, so brauchen Sie bei 0,7 atü nur 10 %, bei 0,5 atü 20 % zuzurechnen, um auf die richtige Garzeit zu kommen. Wer keine Lust hat, sich mit Prozentrechnen abzugeben, kann die entsprechenden Werte aus der nachfolgenden Tabelle ablesen. Es sind jeweils *Minuten* angegeben.

Druck	Minuten													
1 atü	2	4	6	8	10	12	15	20	25	30	35	40	50	60
0,7 atü	2	4	7	9	11	13	17	23	28	34	40	45	58	66
0,5 atü	4	5	8	11	13	16	20	26	33	39	46	53	66	78
0,3 atü	4	5	9	13	15	19	23	29	40	45	53	64	76	90

Die Zwischenwerte können, wenn nötig, leicht ergänzt werden, wobei immer zu bedenken ist, daß ein leichtes Übergaren nichts

schadet, ein zu knappes Garen ein Nachgaren bedingt. Ein ausgesprochenes Übergaren kann aus rein geschmacklichen Gründen bei Eintöpfen angebracht sein. Sie brodeln beim althergebrachten Kochen den ganzen Vormittag, oft von der frühesten Morgenstunde an, und bekommen dabei einen typischen Geschmack, der anders nicht zu erreichen ist. Zwar wird die Nahrung dabei bis zu einem gewissen Grad entwertet, aber es schmeckt. In diesem Fall muß man eben auch etwas übergaren. Wenn man dabei statt 5 Stunden 1 Stunde gart, so hat man bestimmt außer einem zeitlichen auch noch einen wertmäßigen Gewinn.
Es folgen 5 ins einzelne gehende Kochbeispiele:

Pellkartoffeln

¾–1 kg Kartoffeln · nach Wunsch Kümmel

¼–½ l Wasser

Vorab: Pellkartoffeln, auch wenn sie noch so sauber gewaschen sind, nicht mit anderen Speisen im Schnellkochtopf zusammen garen. Möglichst gleich große Kartoffeln aussuchen, gut waschen und entweder in einen gelochten Einsatz oder auf das bei einzelnen Fabrikaten beigegebene Einsatzsieb legen. Wasser auf den Topfboden gießen. Wenn man will, Kümmel auf die Kartoffeln streuen. Den Deckel schließen und mit größtmöglicher Wärme ankochen. Sobald aus der Abdampföffnung am Deckelrand kräftig Dampf austritt, auf »Kochen« bzw. die zweite Garstufe schalten. Sobald am Druckanzeiger der richtige Markierungsstrich sichtbar ist, beginnt die Garzeit. Jetzt die Wärmezufuhr so weit drosseln, daß der nötige Druck erhalten bleibt, also der Druckanzeiger in der vorgeschriebenen Stellung stehenbleibt (Gewichtsventile pendeln leicht). Den Kurzzeitmesser auf die richtige Gar-

zeit einstellen. Sie schwankt, wie unten angegeben, je nach Sorte und Größe der Kartoffeln zwischen 8 und 12 Minuten.
Sollen die Kartoffeln aufspringen, so öffnen Sie den Topf nach Beendigung der Garzeit mit einer Schnellöffnungsmethode (Erklärung siehe Seite 36), in dem Fall aber ca. 2 Minuten länger garen.
Besonders wohlschmeckende, nicht aufgesprungene Kartoffeln bekommt man, wenn man »absitzen« läßt, also den Topf vom Feuer nimmt und wartet, bis sich das Ventil von selbst völlig beruhigt hat. Man kann dann die Schalen ganz knapp abziehen und erhält die hochwertigsten, direkt unter der Schale sitzenden Bestandteile.

Garzeit: 8–12 Minuten

Salzkartoffeln

1 kg Kartoffeln
nach Wunsch frische oder getrocknete Petersilie
¼ l Wasser

Gewaschene Kartoffeln fein schälen, Flecken und Augen entfernen. Nicht kreuz und quer, sondern in gleichmäßige, etwa 15 bis 20 mm dicke Scheiben schneiden und – nicht übereinandergeschichtet, sondern etwas durcheinander – in den gelochten Einsatz geben. Sollen die Kartoffeln trocken bleiben, kein Salz beigeben, sondern, wenn geschmacklich gewünscht, etwas frische oder getrocknete Petersilie darüberstreuen. Das Wasser auf den Topfboden gießen, den Einsatz hineinstellen, Deckel aufsetzen. Mit höchstmöglicher Wärme ankochen. Sobald deutlich Dampf austritt, auf »Kochen« bzw. die zweite Garstufe schalten. Nach Erreichen des richtigen Drucks die Wärmezufuhr drosseln, Kurzzeitmesser einschalten. Nach Beendigung der Garzeit Topf vom Feuer nehmen und möglichst abdampfen oder eine andere Schnellöffnungsmethode anwenden, da dann die Kartoffeln am trockensten bleiben (siehe Seite 36). Erst nach dem Öffnen leicht salzen, falls die Kartoffeln ohne Salz nicht würzig genug sind.

Garzeit: 7 Minuten

Reis als Beilage

250 g Langkornreis · entweder Salz oder Curry

einige Butterflocken · 1/8 und 1/4 l Wasser

1/8 l Wasser in den Topf gießen. Reis mit gut 1/4 l Wasser in den ungelochten Einsatz geben (1 Teil Wasser mit 1 Teil Reis gibt den körnigsten Reis!), Salz oder Curry darüberstreuen und gut verrühren. Zuletzt Butterflöckchen aufsetzen. Einsatz in den Topf stellen, wenn nötig über dem Einsatzträger. Den Deckel schließen. Wenn deutlich Dampf erscheint, den Regler auf »Kochen« schalten. Nach Erreichen des richtigen Drucks die Wärmezufuhr regulieren, Kurzzeitmesser einstellen. Nach der Garzeit nach Belieben absitzen lassen oder mit Schnellöffnungsmethode öffnen. In letzterem Fall 2 Minuten länger garen. Nach dem Öffnen sofort gut aufrühren und ausdampfen lassen.

Garzeit: 6–8 Minuten

Möhren (gelbe Rüben)

1. auf dem Topfboden, 2. im Einsatz

750 g Möhren · 1 Zwiebel · Petersilie

20 g Butter · Wasser

1. Möhren sehr fein schälen oder mit der Gemüsebürste reinigen, je nach Grad der Frische und Saftigkeit sehr fein oder gröber stifteln, würfeln oder in Scheiben schneiden. Zwiebel würfeln. Butter auf dem Topfboden bei mäßiger Hitze zergehen lassen. Möhren und Zwiebeln kurz anschmoren. $\frac{1}{8}$ bis $\frac{1}{4}$ l Wasser zugießen. Kurz aufrühren. Jetzt Topfrand abwischen und Deckel schließen. Die Wärmezufuhr etwas steigern, aber keine volle Hitze. Möhren neigen zum Einbrennen. Sobald deutlich Dampf erscheint, auf »Kochen« schalten, nach Erreichen des richtigen Drucks Kurzzeitmesser einstellen und Wärme drosseln. Nach Beendigung der Garzeit Topf vom Feuer nehmen, absitzen lassen oder mit Schnellöffnungsmethode öffnen (dann 2 Minuten länger garen). Feingeschnittene Petersilie unterrühren. Die früher üblichen Mehlschwitzen sollte man der Kalorien wegen vermeiden. Will man auf das Andicken nicht verzichten, jetzt mit Mehl oder Mondamin kurz dicken. Nach Geschmack Salz beigeben, eventuell auch etwas Suppenwürze.

2. Sollen die Möhren beim Menükochen im Einsatz gegart werden, so werden sie wie vorhin angegeben zerkleinert und mit der gewürfelten Zwiebel in den ungelochten Einsatz gegeben, dessen Boden mit Wasser gerade knapp bedeckt wird, um die Dampfbildung auch im ungelochten Einsatz schneller zu entwickeln. Die Butter in Flocken auf die Möhren setzen und nun den Einsatz entweder über Fleisch mit Sauce, oder Salzkartoffeln oder nur über 2 dl Wasser stellen. Würzen und sonstige Behandlung wie oben.

Garzeit: 4–8 Minuten, je nach gewünschter Härte

Schweinebraten mit Salzkartoffeln und Möhren

als Menü gekocht

500 g Schweinehals · 1 kg Kartoffeln
750 g Möhren · mindestens 2 Zwiebeln · getrocknete Pilze
Tomatenmark · Paprika, noch besser Paprikamark
Angostura · Petersilie · 20 g Butter
30 g Kokosfett oder gutes kalt geschlagenes Öl
Wasser

Bei diesem kombinierten Gericht kann man die sehr verschiedenen Garzeiten entweder durch die Methode des Unterbrechens bewältigen oder das am längsten garende Kochgut, das Fleisch, so zuschneiden, daß es in der gleichen Zeit gart wie die restlichen Zutaten.

Zuerst die Methode des Unterbrechens: Auf dem Topfboden zerläßt man das Bratfett. Wenn das Fett rauchheiß ist, gibt man das ungesalzene Fleisch hinein und brät es von allen Seiten gut an. Während die letzte Seite angebraten wird, gibt man auf das Fleisch Tomatenmark, Paprika (oder Paprikamark) und reichlich kleingeschnittene Zwiebeln. Dabei fällt rund die Hälfte der Zwiebeln über den Fleischrand in das heiße Fett, wo man sie gerade knapp braun werden läßt. Dann wird schnellstens mit Wasser (es kann ruhig kalt sein) angegossen und dabei die Gewürze und die Zwiebeln vom Braten in die Sauce gespült. Man verwendet so viel Wasser, wie man Sauce wünscht. Die nicht gebräunten Zwiebeln auf dem Braten dienen jetzt nicht nur zur Geschmacksverbesserung, sondern auch zum leichten Andicken der Sauce. Eine Methode, die vorteilhafter ist als die Verwendung von Mehl. Nach dem Angießen noch schnell die übrigen Gewürze in die Sauce geben, so die getrockneten Pilze, einen Schuß Angostura, nach

Belieben noch Kräuter, die Sie sonst zu verwenden gewohnt sind, vielleicht auch noch einige Scheiben von den schon vorgerichteten Möhren, und nun wird der Rand abgewischt und der Deckel aufgesetzt. In diesem Fall wird sofort Dampf erscheinen, so daß auch der Regler sofort auf »Kochen« eingestellt werden kann. Zu diesem Zeitpunkt muß alles schnell gehen, damit so wenig Wasser wie möglich verdampfen kann. Nach Erreichen des richtigen Druckes wird der Kurzzeitmesser auf 12 Minuten gestellt. 500 g Schweinefleisch brauchen nämlich 22 Minuten Garzeit. Für die gleichzeitig zu garenden Salzkartoffeln und Möhren kann man eine einheitliche Garzeit von 8 Minuten ansetzen. Daher muß das Fleisch 22–8 = 14 Minuten vorgegart werden.
Nach 14 Minuten den Topf mit Schnellöffnungsmethode öffnen, Einsatzträger über das Fleisch stellen. Darauf kommen der gelochte Einsatz mit den Salzkartoffeln und der ungelochte Einsatz mit den Möhren, die nach den auf den vorhergehenden Seiten beschriebenen Methoden vorbereitet wurden. Jetzt wird der Topf wieder geschlossen und nach deutlichem Dampfaustritt der Schalter auf »Kochen« gestellt. Nochmals 8 Minuten garen, und den Topf am besten mit einer Schnellöffnungsmethode öffnen.
Ob Sie das Fleisch vor dem Servieren etwas salzen wollen, ist Geschmackssache. Die voll erhaltenen Mineralsalze des Fleisches können es ersparen.
Denken Sie immer daran, nur auf gut vorgewärmten Platten anzurichten.

Kochen wir das Menü nach der **Garzeiten-Anpassungsmethode,** so brauchen wir ein gutes, scharfes Fleischmesser, wie es in jedem Haushalt vorhanden sein sollte. Man schneidet das Fleisch gegen die Faser in Portionsscheiben von ca. 10–12 mm Dicke, aber nicht ganz durch, sondern läßt das Fleisch unten mit einem höchstens 10 mm starken Rest zusammenhängen. Von festen Gemüsen, wie Möhren, Sellerie usw., schneidet man dünne Streifen (2–3 mm stark) und legt sie ganz unten in die Schnitte in ganzer Länge des Schnittes ein, damit der offene Schnitt dem Dampfdruck zugänglich bleibt. Jetzt wird genauso vorgegangen, wie im vorhergehenden Beispiel erklärt, also das noch zusammenhängende Fleisch im Fett angebraten. Praktischerweise geht man dabei so vor, daß man die angeschnittene Seite zuletzt anbrät. Dabei kann man mit dem Kochlöffel etwas auf den Braten drücken und so die Scheiben etwas spreizen, wodurch mehr angebratene Fläche, mehr Aroma und eine leichtere Durchgarung der Scheiben erreicht wird. Jetzt wird wie vorher gewürzt, angegossen und sofort über den Einsatzträger die vorbereiteten Einsätze beigegeben, wobei Kartoffeln und Möhren etwas größer geschnitten oder ganz gelassen werden. Wenn Sie so vorgehen wollen, ist es wichtig, daß vor Kochbeginn jede Kleinigkeit schon vorbereitet ist, damit der Topf Schlag auf Schlag gefüllt werden kann. Diesmal beträgt die Garzeit 12 Minuten, die sich auf 13–14 Minuten bei Verwendung einer Schnellöffnungsmethode verlängert. Der Braten wird nach Fertigstellung in den bereits vorgeschnittenen Scheiben vollends durchgeschnitten und die Portionsstücke auf einer gut vorgewärmten Platte angerichtet.

Garzeit: je nach Methode 14 + 8 = 22 Minuten oder 12 Minuten

Brühen und Suppen

Eine gute Suppe ist die ideale Ouvertüre einer kompletten Mahlzeit. Die behaglich wärmenden, duftenden Dämpfe, die der Suppenschüssel entströmen, regen bereits den Verdauungsapparat an. Die Suppe stillt aber auch schon den ersten Hunger, auch den Durst, und so können wir die Gerichte des Hauptganges viel mehr genießen.
Brühen aus dem Schnellkochtopf werden einmalig. Ausgesprochen billig sind Knochenbrühen aus Suppen- und Markknochen, bei denen auch das Letzte aus den Knochen herausgeholt wird – und dabei in kürzester Zeit.

Allgemein gilt: Brühen stets allein kochen. Wenn Sie dabei die gut gewaschenen Knochen im gelochten Einsatz in das kalte Wasser geben, so ist die fertige Brühe meist schon fertig gesiebt, wenn Sie den Einsatz herausholen. Wollen Sie eine kräftige Fleischbrühe aus Suppenfleisch, so geben Sie das Fleisch mit den Knochen und den Suppenkräutern in das kalte Wasser. Soll das Fleisch saftig bleiben, so kochen Sie zuerst nur Knochen und Suppenkräuter an und geben das Fleisch ins kochende Wasser. Vor Schließen des Topfes stets gründlich abschäumen.
Bei Brühen ohne quellende Beigaben höhere Töpfe zu ¾, niedere Töpfe nur halb füllen. **Mit quellenden Beilagen höchstens zur Hälfte füllen!**
Ist der Topf zu klein für eine gewünschte größere Menge von Brühe, so kocht man Extrakt. Dabei werden die Knochen und das Fleisch nur gerade gut mit Wasser bedeckt und dann 5 Minuten

länger gegart als angegeben. Inzwischen hält man schon kochendes Wasser in der nötigen Menge bereit, um nach Entnahme von Fleisch und Knochen die Brühe auf die erwünschte Menge zu strecken. Suppeneinlagen wie geröstete Brotschnitten, Backerbsen, Gemüseeinlagen oder Pfannkuchenstreifen kommen erst in die fertige Brühe.

Klößchen, Nockerl usw. werden nach Rezept im Schnellkochtopf nachträglich gekocht oder man läßt sie nur noch etwas ziehen. Stark trübende Teigwaren werden für sich gekocht und in die fertig gesiebte Brühe gegeben.

Bei gebundenen Suppen werden die Bestandteile, dazu Zwiebeln und Suppengrün mit Fett im offenen Topf angeröstet und dann erst Wasser beigegeben.

Geschmacksbeigaben wie Butter, Rahm, geriebenen Käse, Eigelb, frisches Suppengrün gibt man nach dem Garen vor dem Anrichten bei. Das Abschmecken mit Salz sollte ebenfalls zuletzt erfolgen.

Die gewünschte Suppenmenge kann man genau dosieren, da man nur so viel Wasser beizugeben braucht, als man Suppe will.

Suppen eignen sich hervorragend zur Resteverwertung. Fleischreste jeder Art, Geflügelklein, Reste von Gemüsen, Eintöpfen, Teigwaren können zu immer neuen Suppenvariationen verführen, denen man mit einer Tomate, einem Stück Lauch, einer Scheibe Sellerie, einigen Käseresten, gerösteten Brotstücken, gebräunten Zwiebelringen immer wieder ein neues Aroma geben kann.

Vorsicht beim Öffnen der Töpfe, vor allem bei Fisch-, Fleisch- und Knochenbrühen! Sie bleiben sehr heiß. Wenn Sie keine Zeit haben, die Töpfe absitzen zu lassen, dann müssen die Deckel gründlich kalt überspült werden, bis der Topf drucklos ist. Dann sofort den Deckel abnehmen. Läßt man solche Töpfe geschlossen stehen, so bekommen sie wieder Druck. **Brühen dürfen auf keinen Fall abgedampft werden!**

Fleischbrühe

250 g Fleisch- und Markknochen · Suppenwurzeln
1½ l Wasser · Bouillonwürfel · Salz

Die zerkleinerten Knochen im gelochten Einsatz gut überbrausen, damit die kleinen Knochenteilchen ausgesiebt werden. Im gelochten Einsatz mit den Wurzeln in den Topf geben. Kaltes Wasser darübergießen, bis es die Knochen mindestens bedeckt. Nach der Garzeit den Einsatz mit den Knochen herausholen und Brühe nach Geschmack mit Bouillonwürfel und Salz abschmecken.

Garzeit: 25 Minuten

Kraftbrühe

250 g Fleisch (Schwanzstück, Bug, Rippenstück)
1 Scheibe Leber oder Milz · etwas Mark · 1 Karotte
1 Stück Sellerie · 1 Tomate · 20 g Butter oder Butterschmalz
Bouillonwürfel · 1½ l Wasser

Die gesamten Fleischarten und Gemüse ganz grob durch den Fleischwolf drehen. Die Masse auf dem Topfboden mit dem Fett ganz leicht andünsten. Wasser zugießen. Im offenen Topf unter mehrmaligem Aufrühren ankochen. Topf schließen (Rand vorher gut trockenwischen!). Nach dem Garen durch ein feines Sieb gie-

ßen, salzen und mit Bouillon würzen. Nach Belieben mit Ei oder Einlagen und gehackter Petersilie servieren.
Die Brühe kann mit Madeira oder Sherry zu einer Trinkbouillon verfeinert werden. Soll sie eisgekühlt gereicht werden, muß sie vorher gründlich entfettet werden.

Garzeit: 20—25 Minuten

Hühnerbrühe

1 Suppenhuhn oder 3—4 Stücke Hühnerklein

1 Scheibe Rindsleber · Suppenwurzeln

1 Stück Lauch · etwas Sellerie · 1—1½ l Wasser

1 Gläschen Weißwein · Muskat

Wasser mit Gemüsen gut heiß werden lassen (nicht kochen), Huhn, wenn nötig etwas zerkleinert, oder Hühnerklein beigeben, ebenso die Leber, Topf schließen.
Fertige Hühnerbrühe fein absieben, mit Salz und Muskat abschmecken, mit dem Weißwein verfeinern und mit gehackter Petersilie oder Schnittlauch servieren.
Man kann die Brühe auch über extra gekochte Teigwaren gießen.

Garzeit: 20 Minuten

Gemüsebrühe

500 g gemischte Gemüse (Lauch, Sellerie, Weißkohl, Möhren, Petersilienwurzeln)

1 Zwiebel · Kräuter · 20 g Fett · 1½ l Wasser

Sämtliche Gemüse grob würfeln, mit dem Fett auf dem Topfboden leicht andünsten. Wasser zugeben und Topf schließen. Die fertige Brühe absieben und nach Belieben mit gekörnter Brühe, Butter, Streuwürze usw. abschmecken. Gut geeignet für Diätsuppen!

Garzeit: 10 Minuten

Ochsenschwanzsuppe

500 g Ochsenschwanz

2 Scheiben durchwachsener Speck · 1 Zwiebel

Salz · Pfeffer · Angostura · 1 Glas Rotwein

1 l Wasser · 25 g Fett

Den gut gewaschenen Ochsenschwanz in daumenbreite Stücke schneiden, den Speck würfeln und alles mit der feingeschnittenen Zwiebel auf dem Topfboden im Fett kräftig anbraten. Wasser angießen und garen. Die fertige Brühe absieben, die Fleischteile auslösen und in kleine Stücke geschnitten mit den Speckteilchen wieder kurz in der Brühe aufkochen. Mit Pfeffer und Salz, etwas Angostura und Wein abschmecken. Mit Nudeln oder gerösteten Weißbrotwürfeln angerichtet servieren.

Garzeit: 25 Minuten

Erbsensuppe mit Speck

200 g halbe Trockenerbsen (gelb oder grün)

3 Scheiben durchwachsener Speck · 2 Kartoffeln

1 Möhre · 1 Zwiebel · Petersilie · 1½ l Wasser

Den Speck grob würfeln, Zwiebel und Möhre fein schneiden, Kartoffeln schälen. Den Speck auf dem Topfboden gut anbraten, allmählich Zwiebel und Möhren mitbraten, etwas Wasser angießen. In den gelochten Einsatz kommen die gewaschenen Erbsen und darüber die grob geraffelten rohen Kartoffeln. Jetzt wird der Rest des Wassers beigegeben und der Topf geschlossen.
Die fertigen Erbsen werden durch ein Sieb gestrichen und im Topf nochmals rasch aufgekocht. Nun nach Wunsch würzen, Salz unter allen Umständen erst zuletzt beigeben, da die Erbsen sonst eine erheblich längere Garzeit benötigen. Servieren mit gerösteten Brotwürfeln.

Garzeit: 15 Minuten

Kartoffelsuppe

1 kg Kartoffeln (roh oder gekocht oder Reste)

100 g geräucherter Speck · 1 Möhre · 1 Zwiebel

getrocknete oder frische Pilze · gehackte Petersilie

Pfeffer · Kümmel · Salz · 1½ l Wasser

Den Speck grob würfeln, die Möhre fein raffeln, die Zwiebel würfeln, die Pilze in Scheiben schneiden. Die Kartoffeln grob ras-

peln. Den Speck auf dem Topfboden gut anbraten. Allmählich Möhren, Zwiebeln und Pilze beigeben und mit andünsten. Etwas Wasser angießen. Darüber den gelochten Einsatz mit den Kartoffeln stellen. Restliches Wasser zugießen und Topf schließen.
Die fertigen Kartoffeln aus dem Einsatz in das Kochwasser geben und unter kurzem Aufrühren einmal aufkochen. Abschmecken mit Salz, Pfeffer und Kümmel. Die frische Petersilie vor dem Servieren über die Suppe streuen.

Garzeit: 6–8 Minuten

Zwiebelsuppe

4 große Zwiebeln · 4 Scheiben Toastbrot

40 g Butter · 1 Ei · Rahm · Weißwein · Salz

gekörnte Brühe · 1 l Wasser · 50 g Parmesan, gerieben

Die Zwiebeln in feine Scheiben schneiden und in der Butter auf dem Topfboden bei mittlerer Hitze gut anbräunen. Gekörnte Brühe in Wasser lösen und darübergießen. Topf schließen. Die fertige Suppe mit dem geschlagenen Ei, Rahm, Weißwein und Salz verfeinern.

Einfache Art des Anrichtens: Getoastetes Brot in eine Schüssel legen, Suppe darübergießen, obenauf Parmesankäse streuen.

Verfeinerte Art des Anrichtens: Getoastetes Brot in feuerfeste Form oder einzelne Suppentassen geben, die Suppe darübergießen, obenauf den Käse streuen. Einige Minuten unterm Grill oder im Ofen gratinieren.

Garzeit: 6 Minuten

Tomatensuppe

4 große, reife Tomaten · 2 Zwiebeln · 40 g Fett

entweder Madeira und Tabasco oder Angostura und Weißwein

1¼ l Wasser

Die grobgeschnittenen Zwiebeln auf dem Topfboden glasig dünsten, die in Scheiben geschnittenen Tomaten ebenfalls kurz mitdünsten, das Wasser zugießen und den Topf schließen. Die fertige Suppe würzen und salzen.

Garzeit: 8–10 Minuten

Minestra

ca. 500 g Gemüse (Möhren, Lauch, Sellerie, Tomaten, grüne Erbsen, Bohnen, Weißkohl, Blumenkohl usw.)

100 g durchwachsener Speck · 1 große Zwiebel

½ Tasse Reis · 1 Handvoll gebrochene Spaghetti

2 EL Öl · Petersilie · Angostura oder Tabasco

50 g geriebener Parmesan

1½ l Fleischbrühe oder entsprechend Wasser mit Brühwürfel

Speck grob würfeln und auf dem Topfboden gut anbraten, Öl zufügen und grobgeschnittene Zwiebel glasig dünsten. Nun mit der Brühe aufgießen, die ganzen grobgewürfelten Gemüse beigeben, danach Reis und Spaghetti, gut durchrühren und den Topf schließen. Die fertige Suppe mit Tabasco oder Angostura und Salz abschmecken. Vor dem Servieren Parmesankäse darüberstreuen.

Garzeit: 10 Minuten

Linsensuppe

200 g Linsen · 1 Zwiebel · 1 Kartoffel

25 g Fett · 1 EL Mehl · 1 Glas Rotwein · 1¼ l Wasser

Zwiebel und Kartoffel würfeln und mit den gewaschenen Linsen in den gelochten Einsatz geben. Darüber das Wasser. Topf schließen. Während der Garzeit aus Mehl und Fett eine goldgelbe Schwitze bereiten. Die fertigen Linsen passieren, mit dem Kochwasser in die Schwitze rühren und aufkochen. Dabei ständig rühren. Jetzt erst salzen. Mit Rotwein verfeinern und feingewürfelte Rauchwurst zufügen.

Garzeit: 10–15 Minuten

Gulaschsuppe

250 g Rinderhack · 3 Zwiebeln · 2 Möhren

2 Kartoffeln · 3 Tomaten · 50 g Butter · 2 TL Rosenpaprika

1 l Fleischbrühe oder entsprechend Würfelbrühe · Rotwein

Butter auf dem Topfboden bei mäßiger Hitze zergehen lassen. Fein gewürfelte Zwiebeln glasig dünsten, Rinderhack beigeben und gut anbraten. Die Brühe angießen. Jetzt Paprika unterrühren und die gewürfelten Möhren, Kartoffeln und Tomaten beifügen. Den Topf schließen. Die fertige Suppe salzen und mit Rotwein nach Geschmack verfeinern. Wenn nötig, mit kochendem Wasser strecken.

Garzeit: 10 Minuten

Fleisch

Fleisch ist ein wichtiges Grundnahrungsmittel und ein Hauptlieferant des in der Ernährung besonders wichtigen tierischen Eiweißes. Fleisch sättigt, ohne dick zu machen (wenn man nicht gerade dauernd fettes Fleisch ißt).
Die Schnellebigkeit unserer Generation, deren Hauptmangel die Zeit ist, verleitet die Hausfrau dazu, den Fleischbedarf in erster Linie mit »kurz« zubereiteten Gerichten zu decken, mit Schnitzeln, Steaks usw. Dazu eignen sich nur ausgesprochen teure Fleischstücke. Dabei ist die Zubereitungsart noch ziemlich kostspielig. Sobald dabei für das Braten noch extra Fett verwendet wird, werden die Gerichte auch kalorienreich und überdies ungesund.
Der Schnellkochtopf ermöglicht es, auch wesentlich billigere Fleischstücke, die ernährungsphysiologisch genauso hochwertig sind, in ebenso kurzer Zeit bequem, billig und werteschonend zuzubereiten. Obendrein gilt gedämpftes und gedünstetes Fleisch als besonders leicht verdaulich.

Der Schnellkochtopf kommt auch einer Fleischform entgegen, die – bei Kalb und Schwein – als Folge der »industriellen Fleischfabrikation« zu beobachten ist. Das unter Streß zu jung geschlachtete und kaum ausgehangene Fleisch hat eine Struktur, die eine küchenmäßige Verarbeitung in großen, runden Stücken nicht mehr gestattet. Dagegen ergibt hier die Verarbeitung in flächigen, höchstens 3 cm dicken Scheiben ein voll befriedigendes Resultat. Damit schrumpfen die Garzeiten auf 8–12 Minuten zusammen und sind so kurz, daß Fleisch mit Kartoffeln, Reis, Gemüse ohne Unterbrechen gegart werden kann. Der Druck hält das Fleisch besonders saftig und aromatisch – die wichtigen Wirkstoffe bleiben im Fleisch. Bei Kalb und Schwein *muß* man flächig garen, bei Rind kann man es tun. Man kann das Fleisch einfach von vorne herein in Scheiben schneiden oder nach Seite 35 vorbehandeln.

Allgemein gilt: Zur vollen Werterhaltung muß alles Fleisch in kochendes Wasser, strömenden Dampf oder heißes Fett gegeben werden. Will man aber eine hochwertige Brühe, so werden Fleisch und Knochen kalt angesetzt. Auch Salz wirkt saftziehend. Also, wenn überhaupt, dann erst kurz vor dem Garen salzen, noch besser nachher, am besten gar nicht, da dann erst die Eigensalze des Fleisches *zur vollen geschmacklichen Auswirkung kommen.*

Man unterscheidet folgende Arten, Fleisch zuzubereiten:

Sieden oder Kochen: Dabei sollte das Wasser möglichst das ganze Fleischstück bedecken, mindestens jedoch den größten Teil. Wie schon erwähnt, soll Siedfleisch, wenn es saftig bleiben soll, in kochendes Wasser gegeben werden. Vor allem Zunge wird im Wasser schwimmend gegart.

Dämpfen: Das Fleisch wird im ungelochten Einsatz gedämpft, dessen Boden zwecks rascher Dampferzeugung leicht benetzt wird. Für ein besonderes Aroma legen Sie das Fleisch auf einige Stückchen von festem Gemüse, wie Möhren, Sellerie. Dann kann der Druck auch von unten besser an das Fleisch herankommen. Im Einsatz entsteht dadurch eine ganz ausgezeichnete Brühe, die Sie beliebig verwenden können.

Dünsten: Das Fleisch wird in nicht zu heißem Fett bei mittlerer Wärmezufuhr zusammen mit Zwiebeln und Wurzelwerk von allen Seiten nur gerade so viel angedünstet, daß es noch keine ausgesprochene Farbe bekommt. Dann wird sofort mit mindestens 3/8 l Wasser abgelöscht und entweder in der Sauce oder darüber im gelochten Einsatz weitergegart.

Schmoren: Das Fleisch wird im sehr heißen Fett (keine Butter oder Schmalz!) auf allen Seiten stark angebraten. Dann wird Wasser angegossen, gewürzt und in der Sauce fertiggegart.

Braten: Hier wird das Fleisch wie unter »Dämpfen« erwähnt im Einsatz vorgegart, abgetrocknet und auf dem Topfboden oder in der Pfanne oder Bratröhre oder Grill rasch überbraten.

Fett: Wie schon öfters erwähnt, nur Fette mit hohem Rauchpunkt verwenden, also Kokosfett (Biskin, Palmin) oder gute kaltgeschlagene Öle.

Binden: Das Dicken von Saucen mit Mehl oder Stärkemehl ist nicht mehr sehr beliebt. Wollen Sie nicht darauf verzichten, dann erst nach dem Garen unter kurzem Aufkochen mit kaltangerührtem Stärkemehl binden. Eine gesunde, wohlschmeckende und unbedenkliche leichte Dickung wird durch Beigabe von nichtgebräunten, kleingehackten Zwiebeln erreicht.

Gefrierfleisch und -geflügel siehe gesonderter Abschnitt.

Rindfleisch ist für den Kenner die Krone aller Fleischarten. Es ist besonders kräftig und nahrhaft. Dabei braucht es keine komplizierte Art der Zubereitung, sondern schmeckt nach altbewährten Rezepten immer gleich gut.

Siedfleisch

500 g Rindfleisch · einige Markknochen

1 Zwiebel · 2 Möhren · ½ Sellerieknolle · 1 Stengel Lauch

einige Kohlblätter · 1 l Wasser

Die Knochen, die grobgeschnittene Zwiebel und die ebenfalls grob zerkleinerten Gemüse werden mit kaltem Wasser angesetzt. In das kochende Wasser gibt man das Fleisch und läßt kräftig aufwallen. Nötigenfalls abschäumen. Erst dann so viel Wasser zufügen, daß das Fleisch annähernd bedeckt ist. Topfrand säubern und Topf schließen. Das fertige Fleisch läßt man noch einige Minuten auf einer gut vorgewärmten Platte ruhen, bevor man es anschneidet und mit etwas Brühe übergießt. Mit den Gemüsen und kleingeschnittener frischer Petersilie servieren.

Garzeit: 25 Minuten

Rindsbraten

750 g Rind- oder Ochsenfleisch, gut gelagert
Bratenknochen · 2 Zwiebeln
etwas Möhren und sonstige Gemüse (vor allem Sellerie und Lauch)
40 g Fett · 1/4–1/2 l Wasser

Bratenknochen im stark erhitzten Fett gut anbraten, das Fleisch von allen Seiten kräftig anbräunen. Zwiebel und Gemüse kleingeschnitten mitdünsten. Je nach gewünschter Saucenmenge Wasser angießen. Topfrand abwischen und Deckel schließen. Fleisch nach der Garzeit auf gut vorgewärmter Platte vor dem Anschneiden ruhen lassen. Inzwischen Sauce je nach Geschmack mit Rotwein und saurem Rahm, gehackten Pilzen, Angostura, Suppenwürze und Salz abschmecken. Sauce über das aufgeschnittene Fleisch geben und darüber feingehackte Petersilie streuen.

Garzeit: 25–30 Minuten

Lenden-, Filet-, Lungenbraten

1 kg Fleisch, gut abgehangen · 150 g Speck
3 Zwiebeln · 1 Möhre · Tomatenmark · 30 g Fett
Pfeffer · Salz · Rotwein · 1/4 l Brühe

Das Fleisch enthäuten, mindestens 1/2 Stunde vor Beginn des Kochens gut mit feinem Öl bestreichen. Dann spicken und pfeffern. In das erhitzte Fett die Lende mit der Unterseite (flach) hineingleiten lassen und nur auf dieser Seite anbraten. Die Oberseite dick mit Tomatenmark bestreichen, Ringe von 1 Zwiebel und Speck-

scheiben darauflegen. Dann schnell noch die restlichen, kleingewürfelten 2 Zwiebeln, die feingerädelte Möhre im Fett andünsten und seitlich, nicht auf das Fleisch, die Brühe angießen. Topf schnell schließen. Den fertigen Braten auf der gut vorgewärmten Platte aufschneiden und darüber die mit Salz und einem Schuß Rotwein abgeschmeckte Sauce gießen.
Statt mit Rotwein kann auch mit ¼ l Rahm oder saurer oder Buttermilch und 1 EL Mehl durch Aufkochen unter Rühren eine Rahmsauce gewonnen werden.

Garzeit: 25 Minuten

Rindsgulasch

600 g Rindfleisch · evtl. etwas Speck · 30 g Fett
1 Paprikaschote · 3 Tomaten · 500 g Zwiebeln · Pfeffer
Curry oder Gulaschgewürz · 1–2 Essiggurken
saurer Rahm · ½–1 l Wasser

Die grobgeschnittenen Zwiebeln im heißen Fett anbräunen. Das in große, aber dünne Streifen geschnittene Fleisch mit andünsten (nicht bräunen!). Bei sehr magerem Fleisch einige Streifen nichtgeräucherten Speck mitdünsten. Die in Streifen geschnittene Paprikaschote und gestückelte Tomaten beigeben. Mit Wasser aufgießen. Wird das Gulasch suppig gewünscht, 1 l, sonst ¼–½ l. Unter Rühren Gewürz beigeben, zuletzt die in Scheiben geschnittenen Essiggurken. Rand abwischen und Topf schließen.
Nach der Garzeit nach Belieben mit saurem Rahm oder etwas Mehl dicken, evtl. mit einem Schuß Essig abschmecken.

Garzeit: 15–20 Minuten

Rindsrouladen (Rindfleischvögel)

4 große, dünne Fleischscheiben

4 Scheiben geräucherter Speck entsprechender Größe

Pfeffer · Salz · Zwiebel · Petersilie · Liebstöckel

Essiggurken · Senf · evtl. Sardellenpaste · Pilze

Rotwein · saure Sahne · ¼ l Wasser · 40 g Fett

Die Fleischscheiben mit Salz und Pfeffer würzen und dünn mit Senf bestreichen. Aus Zwiebeln, Petersilie und Liebstöckel, evtl. unter Beigabe von Sardellenpaste und Pilzen durch feines Hacken einen Belag herstellen, der auf dem Fleisch verteilt wird. Den Speck entweder darauf auslegen oder in feine, lange Streifen schneiden, die zusammen mit feinen Gurkenstreifen in das Fleisch gerollt werden. Die fertigen Wickel mit Faden, Rouladenspießen oder -klammern zusammenhalten und auf dem Topfboden im heißen Fett rundum gut anbraten. Mit Wasser oder Brühe aufgießen, Topfrand reinigen und Topf schließen. Nach dem Garen kann man nach Belieben die Sauce mit Rotwein und saurer Sahne verfeinern.

Garzeit je nach Größe: 15–20 Minuten

Sauerbraten

Für die Beize:
¼ l herber Weißwein · ¼ l Weinessig
¼ l Wasser · 2 Möhren · 1 Zwiebel · 1–2 Lorbeerblätter
4–6 Körner Nelkenpfeffer (Piment) · 5 Gewürznelken
5 Wacholderbeeren · etwas Lauch
750 g Ochsenfleisch · ½ TL Zucker · Bratensauce (Würfel)
40 g Fett · ¼ l Wasser

Die Möhren ganz fein schaben, die Zwiebel in Ringe schneiden, mit den 3 Flüssigkeiten und den Gewürzen einige Male aufkochen und kochend in einem engen Gefäß über das Fleisch gießen, das völlig bedeckt sein muß. Mindestens 2 Tage, im Kühlschrank zugedeckt bis zu 8 Tagen beizen.
Fett auf dem Topfboden heiß werden lassen und das gut abgetrocknete Fleisch von allen Seiten anbraten. Den Zucker zuletzt im Fett leicht bräunen und sofort mit der Hälfte der Beizflüssigkeit und dem Wasser ablöschen. Den Bratensaftwürfel einrühren, Topfrand abwischen, Deckel schließen. Braten auf heißer Platte vor dem Anschneiden kurz ruhen lassen. Inzwischen die Sauce nach Belieben abschmecken und eventuell mit etwas Rahm verfeinern.

Garzeit: 20 Minuten

Ochsenzunge

1 Ochsenzunge, geräuchert · 1 Möhre · 1 Zwiebel

etwas Lauch und Sellerie · 1–1½ l Wasser

Die Zunge 2–3 Stunden kalt wässern. Soviel Wasser zusetzen, daß die Zunge gut bedeckt ist. Die grobgeschnittene Möhre, Zwiebeln, Lauch und Sellerie in das Wasser geben. Die gut gewaschene, eventuell gebürstete Zunge erst ins kochende Wasser legen. Nach dem Garen schälen und nach Belieben anrichten, beispielsweise mit Petersilienkartoffeln und Mischgemüse.

Garzeit je nach Größe: 35–50 Minuten

KALB

Das sehr zarte Kalbfleisch ist im Schnellkochtopf besonders rasch gegart. Es empfiehlt sich, nicht zu übergaren. Je nach Alter und Aufzucht können die Garzeiten schwanken. Daher im Notfall lieber im offenen Topf noch kurz nachgaren.

Kalbsbraten

500 g Kalbfleisch · 40 g Fett oder Butter

1 kleine Zwiebel · 1 Möhre

etwas Lauch und Sellerie · ¼ l Wasser

Soll das Fleisch gut gebräunt sein, verwendet man bei starker Hitze zerlassenes Fett, sonst mit mäßiger Hitze zerlaufene Butter,

in der man das Kalbfleisch rundum bräunt oder dünstet. Lose Stücke lassen sich besser behandeln, wenn man sie etwas zusammenbindet. Die feingeschnittene Zwiebel und Gemüse dünstet man noch etwas mit an und gießt dann auf. Topf schließen.
Den fertigen Braten auf einer warmen Platte vor dem Aufschneiden etwas ruhen lassen. Inzwischen die Sauce nach Belieben veredeln: mit Rahm, Buttermilch, Tomatenmark, Paprikamark, geriebenem Käse oder Sardellenpaste lassen sich immer neue Geschmacksvarianten erzielen. Jeweils einrühren und kurz aufkochen.

Garzeit: 15 Minuten

Kalbshaxe

500 g obere Haxe · 30 g Fett · 2 Möhren
Sellerie · Lauch · Zwiebeln · 3 Tomaten · 1 Bouillonwürfel
gehackte Petersilie · 1 Glas Weißwein · ⅛ l Wasser
Zitronenschale · 1 EL Butter · 1 EL Mehl

Die Haxe in 4 je 2 cm dicke Scheiben schneiden lassen. Auf dem Topfboden im Fett anschmoren und sofort die kleingeschnittenen Gemüse zum Andünsten beigeben. Bouillonwürfel in Wasser auflösen, mit dieser Brühe und dem Wein aufgießen. Petersilie beigeben, ebenso ein mittleres Stück Zitronenschale. Topf schließen. Sauce nach Beendigung der Garzeit mit Mehlbutter binden; dazu Mehl mit Butter mittels einer Gabel verkneten. Nach Geschmack noch etwas Wein zufügen und abschmecken.

Garzeit: 12–15 Minuten

Kalbsnierenbraten

$\frac{3}{4}$–1 kg Nierenbraten · 40 g Fett · 1 Zwiebel
1 Möhre · 2 Tomaten · Suppenwürze · $\frac{1}{4}$–$\frac{1}{2}$ l Wasser

Den vom Fleischer fertig bezogenen Braten auf dem Topfboden im heißen Fett rundum gut anbraten. Die feingeschnittene Zwiebel, kleingeraspelte Möhre und die zerschnittenen Tomaten kurz mit andünsten. Die aus Wasser und Suppenwürfel bereitete Brühe angießen. Kurz aufkochen. Braten aus dem Sud nehmen und in den Siebeinsatz geben. Nach der Garzeit den Braten auf einer gut vorgewärmten Platte ein wenig ruhen lassen. Die Sauce mit etwas Butter oder Rahm oder 1 Spritzer Weißwein abschmecken.

Garzeit: 20 Minuten

Kalbsragout, braun

750 g Kalbfleisch (auch Reste) · 40 g Fett
1 Zwiebel · 2 Tomaten · etwas Zucker · Salz · Pfeffer
Paprika · Brühwürfel · 1–2 Zehen Knoblauch
$\frac{3}{8}$ l Wasser · 1 Schuß Weißwein

Kalbfleisch jeder Art, auch rohe Reste, in dünne Scheiben schneiden, auf dem sehr heißen Topfboden im Fett gut anbräunen. Dabei mit Zucker leicht überstreuen, kleingeschnittene Zwiebel, enhäutete, geschnittene Tomaten, eventuell Streifen einer Paprikaschote, Pfeffer und etwas Salz beigeben. Mit dem im Wasser gelösten Brühwürfel aufgießen, den gehackten Knoblauch beigeben und den Topf schließen. Nach der Garzeit mit einer Spur Weißwein und Salz abschmecken.

Garzeit: 12 Minuten

Kalbsragout, weiß (Schonkost)

750 g Kalbfleisch, wie oben · 1 Zwiebel
3 Möhren · grüne Erbsen, frisch · etwas Sellerie
Blumenkohl · Petersilie · 3 Kartoffeln
Brühwürfel · 1 Scheibe Zitrone · ½ l Wasser

Fleisch, auch rohe Reste, in dünne Scheiben schneiden, Zwiebeln, Möhren und Sellerie fein schneiden, Kartoffeln in mittlere Rädchen schneiden, Blumenkohl in feine Röschen zerteilen. In den Topf das Wasser mit dem aufgelösten Brühwürfel geben. In Lagen die Gemüse und das Fleisch einlegen, einschließlich der Kartoffeln, Zitronenscheibe obenauf. Topf schließen. Anrichten mit Petersilie und sonstigen Kräutern nach Geschmack.

Garzeit: 12 Minuten

Kalbsrouladen, pikant

4 dünne Kalbsschnitzel · 100 g magerer Schinken
geriebener Parmesankäse · etwas Zucker · 40 g Butter
⅛ l Brühe · etwas Kirschwasser · Sahne

Die stark geklopften Schnitzel gut mit Käse bestreuen und die Schinkenscheiben darauflegen. Aufwickeln und binden oder klammern. Die Butter bei mittlerer Hitze zerlaufen lassen und die Wickel rundum darin braten. Zur Förderung der Bräunung dabei wiederholt mit feinem Zucker bestäuben (ganz knapp!). Langsam die Brühe angießen, zuletzt das Kirschwasser zufügen und den Topf schließen. Nach dem Garen die Sauce mit Sahne verfeinern.

Garzeit: 10 Minuten

Kalbsbrust, gefüllt

750 g Kalbsbrust · 100 g geräucherter Speck

50 g Butter · weißer Pfeffer · Salz · 1 Zwiebel

Suppengrün · 1 Glas Weißwein · ¼ l Wasser

FÜR DIE FÜLLUNG:

3 alte Brötchen · ⅛ l Milch · 1 Ei · 1 kleine Zwiebel

Petersilie · Zitronenschale · Muskat

wahlweise als Spezialbeigabe: gebratenes, gehacktes Kalbfleisch oder gebratene Geflügelleber oder geschabte Kalbsleber oder durchgedrehte Kastanien oder geschmorte Pilze und feine Erbsen oder Spinat und Tomatenketchup usw.

Rosenpaprika

Aus den angegebenen Zutaten mit der heißen Milch eine feine Füllung, eventuell mittels eines Mixstabes bereiten. Die vom Fleischer vorbereitete Kalbsbrust wird damit prall gefüllt und dann mit grobem Faden zugenäht, nachdem sie innen und außen mit reichlich Pfeffer und etwas Salz und nach dem Vernähen auf beiden Seiten gut mit Rosenpaprika eingerieben wurde. Auf dem Topfboden zerläßt man den in Stücke geschnittenen Speck bei starker Hitze, geht dann mit der Wärme etwas zurück und gibt die Butter dazu. Die Kalbsbrust rundum gut anbraten, zuletzt die feingeschnittene Zwiebel und das Suppengrün mit andünsten. Wasser und Weißwein angießen und den Topf schließen.
Nach dem Garen die Kalbsbrust auf gut vorgewärmter Platte etwas ruhen lassen, Fäden entfernen und aufschneiden. Die Sauce mit Rahm, Buttermilch und eventuell geriebenem Käse abschmekken und zum Teil über den Braten gießen.

Garzeit: 18–22 Minuten

Kalbfleisch, eingemacht

500 g Kalbfleisch · 2 x 40 g Butter · 1 EL Mehl

Petersilie · Salz · körnige Würze · Zitronensaft · ¼ l Wasser

Das in Würfel geschnittene Kalbfleisch in 40 g auf dem Topfboden bei mittlerer Hitze zerlassener Butter nur kurz anbraten, sofort mit der Brühe aufgießen und den Topf schließen. Inzwischen aus der restlichen Butter, dem Mehl, der feingewiegten Petersilie und Zitronensaft eine pikante Sauce herstellen, nach der Garzeit dem Fleisch beigeben und noch etwas durchschmoren.

Garzeit: 10 Minuten

Kalbsherz, gefüllt

1–2 Kalbsherzen, je nach Größe

50 g Butterschmalz · 1 Zwiebel · 2 Möhren

etwas Knoblauch · Pfeffer · Salz · Petersilie

⅜ l Wasser · ⅛ l Weißwein

FÜR DIE FÜLLUNG:

1 Brötchen · 125 g Schweinehack · 1 Ei

Petersilie · Pfeffer · Salz

Herz seitlich aufschneiden, gut waschen und von Adern befreien. Innen pfeffern und salzen. Die gut gemischte Fülle in das Herz geben und rundum zunähen. Butter auf dem Topfboden bei mittlerer Hitze zerlaufen lassen und das Herz darin rundum anbraten. Feingeschnittene Möhren, Zwiebeln und Petersilie mit andünsten. Wasser und Wein angießen und einen Hauch Knoblauch zufügen. Den Topf schließen und bei starker Hitze ankochen.

Nach der Garzeit auf gut vorgewärmter Platte kurz ruhen lassen, die Fäden entfernen und aufschneiden. Die Sauce mit Sahne und Gewürzen nach Wunsch abschmecken.

Garzeit: 15 Minuten

SCHWEIN

Schweinefleisch ist in den deutschsprachigen Ländern das am meisten gekaufte Fleisch. Es soll immer möglichst frisch geschlachtet verarbeitet werden. Sein Fett macht es besonders geeignet zum Braten, Grillen usw.

Schweinebraten, illustriert

500–1000 g Schweinehals · Zwiebeln · Möhren
Sellerie · Paprikaschoten · Lauch · ⅜ l Wasser · 50 g Fett

Das Fleisch wird quer zur Faser in 15 mm dicke Scheiben angeschnitten, bis auf 10 mm durchgeschnitten. In die Schnitte gibt man bis ganz unten abwechselnd feine Scheiben der obigen Gemüse und bindet den ganzen Braten lose mit Faden zusammen. Auf den Topfboden kommt das Wasser, darüber ein ungelochter Einsatz für das Fleisch. Den Topf schließen. Nach der Garzeit nimmt man den Braten aus dem Einsatz, läßt ihn etwas erkalten und abtrocknen. Die im Einsatz befindliche Brühe kann man für beliebige Zwecke verwenden. Der Braten wird in einer Pfanne oder auf dem Topfboden im stark erhitzten Fett rundum gut gebräunt. Nach dem Erkalten gibt man ihn in den Kühlschrank und erhält dann – quer zu den bisherigen Schnitten aufgeschnitten – einen ausgezeichneten, sehr würzigen kalten Braten für beliebige Zwecke.

Garzeit: 15 Minuten

Schweinebraten, pikant

750 g Hals oder Keule · etwas Suppengemüse
1 Zwiebel · Senf · Pfeffer · ½ Lorbeerblatt · 1 Nelke
einige Pfefferkörner · 40 g Fett · ¼ l Wasser

Fleisch kräftig mit Pfeffer und Senf einreiben. In das im Topf zerlassene, sehr heiße Fett geben, rundum anbraten und gleichzeitig die zerschnittene Zwiebel und Gemüse (Möhren, Lauch, Sellerie usw.) mit andünsten. Will man eine kräftige Brühe, so gibt man dem zum Angießen bestimmten Wasser 1 Brühwürfel bei. Jetzt noch die Gewürze, je nach Geschmack auch etwas Ingwer oder Curry zufügen und den Topf schließen. Vor dem Anschneiden den Braten auf heißer Platte etwas ruhen lassen. Inzwischen die Sauce mit Senf oder Angostura, eventuell etwas Wein, abschmekken.

Garzeit: 25 Minuten

Schweinsohren mit Erbsen

4 Schweinsohren
250 g halbe getrocknete gelbe oder grüne Erbsen
1 l Brühe · ½ Zwiebel · Pfeffer · Muskat

Die Schweinsohren gut reinigen, die Erbsen über Nacht vorweichen, Ohren und Erbsen mit der Brühe ansetzen, offen ankochen und abschäumen, Topf schließen. (Unter keinen Umständen dabei vor oder während des Garens irgendwie Salz beigeben, da dies die Garzeit wesentlich verlängert!) Nach der Garzeit die Ohren in Stücke schneiden und auf die mit Zwiebeln, Muskat und Pfeffer und jetzt auch nach Bedarf mit Salz abgeschmeckten Erbsen geben.

Garzeit: 25 Minuten

Szegediner Gulasch

500 g Schweineschulter · 1 frisches Schweinsfüßchen

250 g Zwiebeln · 40 g Schweineschmalz · 500 g Sauerkraut

25 g Rosenpaprika · ½ TL Kümmel · ½ TL Salz

etwas Knoblauch · ¼ l saure Sahne · ¼ l Wasser

Die feingeschnittenen Zwiebeln im Schweineschmalz bei Mittelhitze gut anrösten. Das in große, aber dünne Stücke geschnittene Fleisch unter Umrühren einige Minuten mitdünsten, ebenso das Schweinefüßchen, Wasser angießen und kurz kochen. Jetzt auf das Fleisch das Kraut breiten und darauf die Gewürze streuen. Den Topf schließen. Nach der Garzeit mit der sauren Sahne gut durchrühren und mit frischer Petersilie servieren.

Garzeit: 10 Minuten

Kasseler Rippe mit Sauerkraut

4 Scheiben Kasseler Rippe · 30 g Schweineschmalz
500 g Sauerkraut · 1 Kartoffel · 1 Apfel · 1 Zwiebel
einige Wacholderbeeren · 1 Glas Weißwein
⅛ l Wasser · Petersilie

Das Schmalz auf dem Topfboden bei mittlerer Hitze zergehen lassen. Das Sauerkraut locker einlegen. Wein und Wasser angießen. Darauf die geriebene Kartoffel, den geriebenen Apfel und die feingeschnittene Zwiebel nebst den Wacholderbeeren geben. Nun die nicht zu dicken Kasselerscheiben darauflegen (es kann auch Schweinebauch sein) und den Topf schließen. Das Fleisch keinesfalls in das Kraut stecken – das würde die Garzeit für das Fleisch verlängern. Fertiges Gericht abschmecken und mit feingehackter Petersilie auf heißer Platte anrichten.

Garzeit: 10 Minuten

HAMMEL UND LAMM

Ihr Fleisch wird bei uns überwiegend nur von Kennern geschätzt, während es z.B. in Frankreich und vor allem im Orient als Lekkerbissen gilt und oft den Hauptteil des Fleischverzehrs darstellt. Sind es geschmackliche Vorurteile oder der Mangel an Kenntnissen der richtigen Zubereitung und Würze? Wir wollen versuchen, mit besonderen Rezepten dieser Fleischart Gerechtigkeit widerfahren zu lassen.

Hammel- und Lammfleisch ist genügend fett, so daß man gut daran tut, kompakte Fettstücke vor der Zubereitung zu entfernen. Es ist ein Fleisch, das wie Kalbfleisch zu den schnellgarenden Fleischsorten zählt. Seinen besonderen Wohlgeschmack entwikkelt es in gebratenem Zustand.
Das bei Abkühlung schnell erstarrende Fett verlangt beim Servieren besonders heiße Platten und heiße Saucenschüsseln. Hier ist die Verwendung von Rechauds besonders angebracht.

Hammelbraten in Buttermilch

750 g Hammelrücken · 1/4 l Buttermilch

Suppenwürze · Salbei · Pfefferminzkraut · Pfeffer

Senf · 1 Zwiebel · 30 g Fett · 1/4 l Wasser

Das wenn nötig leicht eingebundene Fleisch mit Pfeffer und wenig Salz einreiben und mit Senf bestreichen. Die grobgeschnittene Zwiebel mit Fett auf dem Topfboden anbräunen, den Braten unter öfterem Wenden rundum anbraten. Nun langsam Buttermilch zugießen, etwas braun werden lassen und mit Wasser ablöschen. Das Fleisch kommt in den gelochten Einsatz und gart über der Sauce.
Nach der Garzeit läßt man den Braten auf einer sehr heißen Platte etwas ruhen, bevor man ihn aufschneidet. Die Sauce wird nach Belieben mit Buttermilch gestreckt, gebunden und mit Suppenwürze und gehacktem Salbei- sowie Minzkraut abgeschmeckt. Die Sauce in einer sehr heißen Schüssel servieren.

Garzeit: 25 Minuten

Serbisches Reisfleisch

500 g Hammelfleisch (Schlegel oder Bug)
1 Zwiebel · 30 g Fett · Tomatenmark
Paprika edelsüß · 250 g Langkornreis · ½ l Wasser
Salz · etwas Rotwein

Das enthäutete und von Fett befreite Hammelfleisch in lange, dünne Scheiben schneiden, Zwiebel grob würfeln, beides in heißem Fett auf dem Topfboden anbraten. Dann Reis etwas mit andünsten, mit Wasser ablöschen, einige EL Tomatenmark, 2 TL Paprika unterrühren und den Topf schließen. Nach der Garzeit salzen und mit etwas Rotwein abschmecken. In sehr heißer Schale servieren.

Garzeit: 10 Minuten

Hammelrücken mariniert

750 g Rücken · 125 g Speck · Salz
Pfeffer · frische Kräuter · Stärkemehl
FÜR DIE MARINADE:
150 g Zwiebeln · 150 g Möhren · Speiseöl
1 l Rotwein · ¼ l Weinessig · ¼ l Olivenöl
Wacholderbeeren · Rosmarin

Die Marinade im Schnellkochtopf wie folgt zubereiten: Sehr feingeschnittene Zwiebeln und Möhren in etwas Speiseöl goldgelb andünsten. Rotwein, Essig und Wasser angießen und noch ¼ l Olivenöl beigeben. Im geschlossenen Schnellkochtopf rasch auf vollen Druck kommen und ohne Garzeit sofort wieder ab-

kühlen lassen. Inzwischen den Rücken von Fett befreien und spicken. Leicht zusammenbinden. In eine Schüssel legen, mit der erkalteten Marinade übergießen, Wacholderbeeren und Rosmarin zufügen und gut zudecken. 3–4 Tage in der Marinade liegen lassen.
Vor dem Braten wird das Fleisch abgetrocknet, leicht mit Pfeffer und Salz eingerieben und auf dem Topfboden unter häufigem Wenden auf den Speckresten vom Spicken rundum gut braun gebraten und mit mindestens ¼ l Marinade abgelöscht. Vor dem Schließen des Topfes die Kräuter beigeben und garen.
Den fertigen Braten vor dem Aufschneiden auf einer sehr heißen Platte noch etwas ruhen lassen, bis man die Sauce mit weiterer Marinade so weit verlängert hat, als man benötigt. Wenn gewünscht, kann jetzt mit Stärkemehl gebunden werden. Die Sauce in einer sehr heißen Schüssel servieren.

Garzeit: 25 Minuten

WILD

Das stets auf Nahrungssuche herumschweifende Wild kann nicht viel Fett ansetzen. So ist sein Fleisch besonders bekömmlich, fettarm und auch für Diät geeignet. Da frisch geschossenes Wild aber ein festes, fast zähes Fleisch hat, läßt man es gerne längere Zeit abhängen. Dabei wird der »hautgoût« entwickelt, der zwar den typischen Wildgeschmack besonders verstärkt, aber genau betrachtet schon ein Zeichen beginnender Zersetzung ist.
Bei der traditionellen Art des Kochens wird Wild nicht gerne gedämpft oder gekocht, da dabei das typische Wildaroma mit dem Dampf verschwindet. Beim Kochen im Schnellkochtopf hingegen wird das Fleisch mit diesen Aromastoffen angereichert.

Große Wildstücke sollten auf alle Fälle einige Zeit gebeizt werden. Jedoch genügen beim Schnellkochen schon 1–2 Tage, wo sonst 1 bis 2 Wochen nötig waren.
Da Wild und Wildsaucen beim Braten einen besonderen Wohlgeschmack entwickeln, wird man vor allem bei größeren Stücken den Schnellkochtopf in erster Linie dazu benützen, die langen Garzeiten wesentlich abzukürzen, so daß man den Braten dann nur noch äußerlich gut anzubraten braucht.

Kaninchen mit Remouladensauce

1 junges Kaninchen (ca. 1 kg) · Petersilie
1 Zwiebel · 1 Nelke · Thymian · Pfeffer · Salz
50 g Butter · ½ l Wasser
FÜR DIE SAUCE:
3 Eier · Senf · Öl · Essig

Im Topf bei mäßiger Hitze die Butter schmelzen und das zerlegte Kaninchen darin andünsten (nicht bräunen!). Mit Wasser knapp bedecken, alle anderen Zutaten beigeben (Zwiebel zerkleinert) und den Topf schließen.
Inzwischen wird die Sauce angerichtet: 2 hartgekochte Eier zerdrücken und 1 rohes Ei untermischen. Langsam unter Rühren (Rührstab) das Öl untermischen, zuletzt einen Schuß Essig einrühren.
Das fertige Kaninchen wird auf einer heißen Platte ausgelegt, die Sauce mit der Kaninchenbrühe verlängert und über das Kaninchen gegossen.

Garzeit: 10 Minuten

Rehkeule

750 g Rehkeule · 150 g geräucherter Speck
Zwiebel · Suppengrün · Wacholderbeeren · Buttermilch
Rotwein · saurer Rahm · Essig · Zucker
Pfeffer · Salz · 40 g Fett · ¼ l Wasser

Das Fleisch einige Tage, in ein Essigtuch gewickelt, kühl ruhen lassen. Vor dem Garen gut abtrocknen, enthäuten und spicken. Mit Salz und Pfeffer einreiben und in den gelochten Einsatz geben. Auf den Topfboden ¼ l Wasser gießen, darüber den leeren ungelochten Einsatz und darüber den gelochten Einsatz mit dem Fleisch stellen. Den Topf schließen, 15 Minuten garen.
Inzwischen in einer Pfanne das Fett und die Speckreste (vom Spicken) rauchheiß werden lassen. Das Fleisch nach Öffnen des Topfes abtrocknen und in der Pfanne rundum anbraten. Dabei auch die Zwiebel und das kleingeschnittene Suppengrün mit andünsten. Auf den Braten immer wieder Fett gießen, dabei langsam etwas Buttermilch angießen. Die zerdrückten Wacholderbeeren ins Fett geben, den Braten mit einer Spur Zucker bestäuben.
Den fertigen Braten auf einer gut heißen Platte vor dem Anschneiden etwas ruhen lassen. Inzwischen die Sauce mit etwas Buttermilch, saurem Rahm, Rotwein und dem Bratensaft aus dem geschlossenen Einsatz verlängern und abschmecken. Über den angeschnittenen Braten gießen.

Garzeit: 15 Minuten

Hirschbraten

Zubereitung wie Rehkeule. Nur länger beizen und eine längere Garzeit einkalkulieren: *25 Minuten.* Hirsch verlangt auch eine stärkere Würze. Man gibt zusätzlich Pfefferkörner, ½ Lorbeerblatt, Zitronenschale und Suppenwürze bei.

Rehgulasch

500 g Bug oder Keule · 300 g Zwiebeln · Pfeffer
Salz · Tomatenmark · Sahne · Zitronensaft
150 g Speck · ¼ l Wasser

Das enthäutete, in dünne Streifen geschnittene Fleisch in dem in Würfel geschnittenen, zerlaufenen Speck bei mittlerer Hitze anbraten. Die zerschnittene Zwiebel mitdünsten. Das Wasser angießen, mit den Gewürzen und dem Tomatenmark aufrühren. Topf schließen. Nach der Garzeit im offenen Topf mit der Sahne nochmals kurz aufkochen und mit Zitronensaft abschmecken.

Garzeit: 10 Minuten

GEFLÜGEL

Früher die Krönung der Fest- und Feiertagsküche, heute im Zeitalter der »Hühnerfabriken« und der Tiefkühltruhe eine alltägliche, bekömmliche und billige Fleischart! Die fixe Zubereitung im Schnellkochtopf ermöglicht es noch eher, Geflügel auch auf den Werktagsspeisezettel zu setzen. Darüber hinaus ist es eine unentbehrliche Grundlage für die Diätküche.

Suppenhuhn

1 Suppenhuhn · Suppengrün · Salz

Suppenwürze · Petersilie · Angostura oder Tabasco

1½–2 l Wasser

Wasser im Topf zum Sieden bringen. Das gut gereinigte, in mindestens 6 Teile zerlegte Huhn mit reichlich Suppengrün in das Wasser geben und den Topf schließen. Das fertiggegarte Huhn auslösen und das Fleisch in mundgerechte Stücke schneiden. Fertiggekochte Suppennudeln in einer Schüssel mit der abgesiebten Hühnerbrühe übergießen. Ist die Brühe zu fett, so wird sie abgeschöpft und notfalls mit heißem Wasser verlängert. Abschmecken mit Salz und Suppenwürze. Eine Einlage von gesondert gekochten Karotten und grünen Erbsen verfeinert das Gericht.

Garzeit: 25 Minuten

Bei tiefgefrorenen Suppenhühnern hat man meist Schwierigkeiten mit der Entfernung der in Plastik eingelegten Innereien. Man gibt dann in den Topf nur ¼ l Wasser und legt das äußerlich gut abgewaschene Huhn mit der Leibesöffnung nach unten auf den gelochten Einsatz und gart 5 Minuten. Jetzt kann das Huhn mit der Geflügelschere leicht in mehrere Teile zerlegt werden. Man wäscht es nun innen vollends aus. Die zerschnittenen Teile kommen wieder in den Topf und das vorhandene Wasser wird so weit aufgefüllt, daß die Teile gut bedeckt sind. Weitere Verarbeitung wie oben.

Garzeit: 20 Minuten

Hähnchen, gebraten

2 kleine Hähnchen · evtl. beliebige Füllmasse

50–100 g Butter · Salz · ⅛ l Brühe

Hähnchen sauber reinigen, leicht salzen, eventuell füllen und zubinden, auf dem Topfboden in 50 g brauner Butter bei mittlerer Hitze und häufigem Wenden von allen Seiten anbräunen und in den Siebeinsatz legen. Mit der Brühe aufgießen und den Topf schließen. Die fertigen Hähnchen zerteilt mit der durch etwas Butter verfeinerten Sauce übergießen.
Will man knusprige Hähnchen, so gibt man sie nach dem Garen leicht mit Küchenpapier abgetrocknet nochmals in eine Pfanne mit brauner Butter, dreht mehrmals und stäubt dabei Spuren von feinem Zucker auf das Huhn. Den Bratenfond mit der Brühe verarbeiten. Gefüllte Hähnchen 1 Minute länger garen.

Garzeit: 10–15 Minuten

Hühner-Frikassee

1 mittleres Huhn · 50 g Fett · 2 Zwiebeln

Muskat · Suppenwürze · Zitronensaft · Essig oder Weißwein

Petersilie · 1 Ei · ½ l Wasser · helle Schwitze

Das in mindestens 6 Stücke zerteilte Huhn mit Suppengrün und etwas Salz in das kochende Wasser geben, so daß das Fleisch knapp bedeckt ist. 10 Minuten garen. Den Topf öffnen, Huhn entbeinen und in mundgerechte Stücke schneiden. Brühe absieben und beiseite stellen. Auf dem Topfboden die in Würfel geschnittenen

Zwiebeln andünsten, Fleischstücke beigeben und hell anschmoren.
Nun mit ⅛ l der Brühe weitere 5 Minuten garen. Fleisch und Brühe in eine inzwischen vorbereitete helle Schwitze geben und abschmecken mit Muskat, etwas Suppenwürze, Zitronensaft oder Essig oder Weißwein. Die Sauce mit einem geschlagenen Ei legieren und das Ganze mit frischer Petersilie garniert servieren.
Bei tiefgekühlten Hühnern vorgehen wie im ersten Rezept beschrieben.

Garzeit: 10 + 5 Minuten

Gänseklein

Gänseklein, dabei möglichst einige Mägen und Herzen und einige Fleischteile

1 Zwiebel · etwas Knoblauch · 1 Möhre · Salz

je 1 Msp weißer Pfeffer, Safran und Muskat

1 l Wasser mit etwas Salz und Essig

FÜR DIE SAUCE:

1–2 EL Gänsefett oder Butter · 2 EL Mehl

⅛ l süße Sahne · Petersilie

Das Essig-Salzwasser im Topf zum Kochen bringen. Das gut gereinigte Gänseklein zufügen. Dabei die schwerer garenden Mägen in 3 Stücke zerschneiden. Die grobgeschnittene Zwiebel und die gestiftelte Möhre mit den Gewürzen beigeben und den Topf schließen. Nach der Garzeit alle Knochen und sonstigen nicht gewünschten Bestandteile entfernen, Fleisch mundgerecht zuschneiden. In einer Pfanne oder auf dem Boden des entleerten Topfes das Fett zergehen lassen, Mehl unterrühren und mit der Gänsebouillon eine dicke Sauce herstellen. Die süße Sahne unterrühren, die Fleischstücke zufügen und das Ganze auf einer heißen Platte mit feingehackter Petersilie überstreut servieren.

Garzeit: 12–15 Minuten

Wildgeflügel

Die reichliche Bewegung bei der Nahrungssuche macht Wildgeflügelfleisch fester und fettärmer. Daher empfiehlt es sich, Wildgeflügel vor dem Garen und Braten in dünne Scheiben geräucherten Speck zu packen. Die Zubereitung ist gleich wie bei Hühnern, die Garzeit bei vergleichbaren Größen etwas länger und die Würze kräftiger.

Fisch

Der Schnellkochtopf eignet sich besonders für Fische mit festem Fleisch, vor allem, wenn sie im eigenen Saft gegart werden sollen. Ein besonderer Vorteil ist die sehr geringe Geruchsentwicklung, die erst nach der Fertigstellung auftritt und weniger intensiv ist. Empfindliche Flußfische, wie etwa Forelle blau, wird man nicht im Schnellkochtopf zubereiten. Fische generell auf Bio- oder Schonstufe garen!
Der Eigengeschmack von Fisch wird am besten erhalten, wenn man ihn im eigenen Saft dämpft. Dazu soll er nicht in Wasser liegen, sondern entweder mindestens auf einem Rost oder dem gelochten Einsatz. Am besten werden aber alle Eigenbestandteile beim Dämpfen im ungelochten Einsatz erhalten, den man zur Dampferzeugung nur gerade etwas mit Wasser benetzt. Bei den meist sehr kurzen Garzeiten ist es wichtig, daß der Fisch von Anfang an rundum von Dampf umgeben ist. Wenn man den Fisch nicht auf den nackten Einsatzboden, sondern auf ein Bett von feingeschnittenen Kräutern und Gemüsen legt, so kann man das Angenehme mit dem Nützlichen verbinden – hier vollzieht sich ein Aromagaren erster Güte!
Die ganz hervorragenden tiefgefrorenen Stücke von Seefisch werden unaufgetaut in den Einsatz gegeben. Bei ihnen ist das Kräuter- oder Gemüsebett unterm Fisch besonders wichtig.
Von den beim Fischkochen bekannten 3 S: Säubern, Säuern und Salzen, fällt beim tiefgefrorenen Seefisch mindestens das erste S weg, da ein Säubern nicht mehr nötig ist. Das zweite S wird durch Beträufeln mit Essig oder Zitronensaft vollzogen. Das dritte S, das

Salzen, können, aber müssen Sie beim Schnellkochen nicht anwenden, da die ganz hervorragenden Mineralsalze des Fisches erhalten bleiben. Wenn überhaupt salzen, dann erst nach dem Garen.

Fisch im eigenen Saft

Grundrezept

4 Stücke Fischfilet von je 200–250 g, frisch oder gefroren

Gemüse oder Kräuter (z. B. Frühlingszwiebeln, Schalotten, Lauch, Knoblauch, Fenchel, Sellerie, Nelken, Lorbeerblätter, Liebstöckel, Thymian, Rosmarin, Salbei, Majoran, Basilikum, Kerbel)

einige Tomaten · dünne Zitronenscheiben

Petersilie · 20 g Butter · 1 Zwiebel · 3/8 l Wasser

Wasser auf den Topfboden gießen. Darüber den ungelochten Einsatz mit leicht angenetztem Boden stellen. Auf den Boden die feingehackten oder geschnittenen Kräuter und/oder Gemüse geben. Darauf die Filetstücke. Besonders praktisch ist es, wenn man das erste Stück schräg an den Einsatzrand lehnt und die anderen dachziegelartig folgen läßt. Zwischen jedes Filet steckt man zwei dünne (unbehandelte) Zitronenscheiben. Auf die Fische legt man Zwiebelscheiben, Petersilie und einige Butterflocken. In die freien seitlichen Räume kommen Tomatenstücke. Den Topf schließen und garen.
Salzen, wenn überhaupt, erst nachträglich, um dem Fisch nicht den Saft zu entziehen.
Bei diesem Grundrezept für Fisch im eigenen Saft kann man den reichlich entstehenden Fischsaft nach Belieben weiter verarbeiten zu Saucen verschiedenster Geschmacksrichtungen. Man kann mit

etwas Sahne, Käse, Senf, Weißwein, Tomatenmark, Paprikamark oder Pilzen immer wieder andere, wohlschmeckende Variationen zusammenstellen.

Garzeit: 5–7 Minuten

Fischsud

3/8 l Wasser · 1/8 l Weißwein · 1 Stück Sellerie mit Kraut

1 Karotte · 1 Zwiebel oder 2 Schalotten · 1 EL Öl

1 Zweig Dill · 5 schwarze Pfefferkörner, zerdrückt

1 kleines Lorbeerblatt · 1 Nelke

Die Gemüse putzen, waschen und die Zwiebel oder Schalotten mitsamt der Schale in Stücke schneiden. In dem Öl kurz auf dem Topfboden andünsten (das verbessert den Geschmack), Wasser und Brühe angießen, Kräuter und Gewürze beigeben und den Topf schließen. Nach der Garzeit absitzen lassen oder den Deckel vor dem Öffnen mit kaltem Wasser überspülen, bis der Druckanzeiger zurückgegangen ist. Dann den Deckel sofort öffnen, da sich sonst eventuell erneut Dampfdruck entwickelt.
Nun kann man beliebige Fischfilets, entweder mit etwas Zitronensaft beträufeln oder auf einer Lage unbehandelter Zitronenscheiben in den gelochten Einsatz darüberstellen, den Topf wieder schließen und den Fisch etwa 5 Minuten garen. Aus dem abgesiebten Sud läßt sich eine wunderbare helle Sauce für den Fisch bereiten, indem man beispielsweise etwas kalt angerührtes Stärkemehl einrührt, mit 1–2 Eigelben legiert und nach Wunsch mit etwas Sahne verfeinert.

Garzeit: 5–10 Minuten

Stockfisch (getrockneter Kabeljau oder Dorsch)

4 Portionsstücke Fisch · 30 g Butter
Zwiebelscheiben · 1/8 l Wasser

Die Portionsstücke gut waschen, entgräten und möglichst enthäuten. Auf den Topfboden das Wasser gießen, den Fisch in den ungelochten Einsatz, dessen Boden schwach benetzt wurde, legen. Garen, wobei geräucherter Fisch 3 Minuten benötigt. Den fertigen Fisch auf einer heißen Platte servieren und mit in Butter gebräunten Zwiebeln übergießen.

Garzeit: 1–3 Minuten

Schollen in Wein

4 küchenfertige Schollen · 40 g Butter · 1 Zwiebel
50 g Speck · Kapern · gehackte Kräuter nach Geschmack
1/4 l Weißwein · 1/8 l Wasser

Die Schollen 1/2 Stunde in einem Essigtuch marinieren. Auf dem Topfboden die Butter und den feingeschnittenen Speck zerlassen, darin die feingeschnittene Zwiebel andünsten, reichlich gehackte Kräuter beigeben. Darauf die Schollen legen, Wasser und Weißwein angießen und die Kapern zufügen. Den Topf schließen und garen. Die fertigen Fische vorsichtig herausnehmen, auf heißer Platte mit Petersilie oder Dill bestreut anrichten.

Garzeit: 7 Minuten

Gemüse

Neben Obst und Salaten sind die Gemüse unsere Hauptlieferanten für Vitamine, Mineralstoffe und Spurenelemente. Diese nur in minimalen Mengen in den Gemüsen enthaltenen lebenswichtigen Wirkstoffe sind leider besonders empfindlich. Bei der traditionellen Art des Kochens wurden sie oft stark mißhandelt, nämlich zerstört, zerkocht, ausgelaugt, mit dem Kochwasser weggeschüttet usw.

Die Kochbedingungen, denen sie im Schnellkochtopf ausgesetzt sind, kann man demgegenüber als ideal bezeichnen: Statt eines langsamen Auskochens ein kurzes Garen. Statt dauernder Angriffe des Luftsauerstoffs und des Lichts ein Garen ohne Luft und Licht. Keine Verflüchtigung, sondern eine Kompression des Aromas. Auch das Auge kann mitgenießen, da die Farben erhalten bleiben. Die völlige Durchgarung macht auch schwerverdaulichen Kohl und Hülsenfrüchte bekömmlich, wie überhaupt Schnellkochkost vom Körper besser ausgenützt werden kann.

Natürlich können Sie ein vollwertiges Gemüse nur erwarten, wenn Sie schon beim Einkauf darauf geachtet haben, frisch geerntetes Gemüse in appetitlichem Zustand zu erwerben. Vor allem Blattgemüse verliert schon bei einer Lagerung von nur einem Tag erheblich an Wert, und z. B. Möhren, die feucht aus einer Plastiktüte kommen, sind schlicht gesagt schon etwas angefault.

Demgegenüber ist Tiefkühlgemüse hochwertig, wenn es im Rahmen der Tiefkühlkette: Fabrik, Lagerung, Transport und Verkaufstruhe stets kalt genug blieb. Schlechte Packungen erkennt man an außen feuchten Stellen oder Ansatz von Reif.

Allgemein gilt: Zarte Gemüse generell auf der Bio- oder Schonstufe garen!

Frischgemüse wird erst kurz vor der Verwendung gründlich, aber kurz unter fließendem Wasser gewaschen und nach Bedarf kleingeschnitten. Weder in geschnittenem noch in ungeschnittenem Zustand darf es in Wasser gelegt werden, da es sehr rasch auslaugt. Ist man aus irgendwelchen Gründen gezwungen, geschnittene Ware kürzere Zeit aufzubewahren, so gibt man sie in Plastik-Tiefkühlbeutel (keine gewöhnlichen Haushaltbeutel), drückt die Luft soweit als möglich heraus, falzt und verschließt sie so, daß keine Luft mehr zutreten kann. Dann kühl und dunkel aufbewahren, am besten im Kühlschrank.
Frischgemüse wird idealerweise gedämpft, unter keinen Umständen in Salzwasser gekocht. Im ungelochten Einsatz bleiben sämtliche Bestandteile am besten erhalten. Das am Gemüse haftende Waschwasser genügt dabei völlig zur Dampferzeugung innerhalb des Raumes des Einsatzes (natürlich nicht für den ganzen Schnellkochtopf!). Die beim Öffnen des Topfes austretenden Gemüsesäfte bleiben im ungelochten Einsatz erhalten und können beim Anrichten mit verwendet werden. Beim gelochten Einsatz verschwinden sie nach unten, entweder in die Fleischtunke oder – in ungünstigen Fällen – sogar ins Dämpfwasser.

Wurzelgemüse, Möhren, Sellerie usw. sollte man möglichst nur mit einer scharfen Bürste reinigen und nur schälen, wo es nicht anders geht. Direkt unter der Oberfläche sitzen nämlich meist die wertvollsten Bestandteile. Gerade bei Wurzelgemüsen kann man durch die Art des Schneidens die Garzeit weitgehend beeinflussen. Frische, saftige Wurzeln kann man dicker halten als ältere, vertrocknete. Wo, etwa bei Eintopf, kurzgarende Bestandteile, wie z. B. Blumenkohlröschen zusammen mit festen Möhren und Sellerie gegart werden, schneidet man die letzteren einfach in dünne Scheiben.

Saftziehende Gemüse, ebenso solche, die Farbüberträger sind, wie etwa Spinat, Rotkohl, rote Rüben (Randen) kocht man stets für sich allein in einem ungelochten Einsatz.

Blattgemüse, das stark zusammenfallen kann, wie etwa größere Mengen frischen Spinat, füllt man nacheinander in den Topf.

Zarte Gemüse, wie etwa Zucchini, Broccoli oder Blumenkohl, nicht übergaren. Da die besonders feinen Röschen schnell gegart sind, schneidet man die festeren Stiele ein oder mehrere Male ein. Ebenso wird Rosenkohl unten am besten kreuzweise eingeschnitten.

Starkriechende Gemüse, z. B. Wirsing, Rosenkohl und andere Kohlarten, läßt man mit etwas mehr Wasser im Topf einige Minuten kräftig dampfen, bevor der Regler auf »Kochen« geschaltet wird. Die scharfen Gerüche verschwinden größtenteils, das Gemüse schmeckt angenehmer und ist bekömmlicher.

Tiefgekühltes Gemüse zieht sehr viel Saft. Es wird unaufgetaut in den ungelochten Einsatz gegeben. Soweit es, wie etwa Spinat, zu Blöcken gefroren ist, zerschlägt man es, vielleicht mit dem Fleischklopfer, in etwa walnußgroße Stücke. Die Ankochzeit ist bei tiefgekühltem Gemüse meist etwas länger, die Garzeit um $1/3$ kürzer.
Kochen Sie Gemüse stets so, daß es sofort verzehrt werden kann! Warm gehaltenes oder aufgewärmtes Gemüse ist nie mehr vollwertig.

Grünkohl

Im Süden fast unbekannt, im Norden und Westen geradezu Nationalgericht in vielerlei Arten von Eintöpfen. Er ist ein Wintergemüse, schmeckt erst, wenn durch Frost in den Blättern Zucker gebildet wurde. Er enthält besonders viel Vitamin C. Sein sehr strenger Geschmack kann im Schnellkochtopf dadurch gemildert werden, daß man entweder – mit ziemlicher Wasserbeigabe – im offenen Topf ankocht oder mindestens erst einige Zeit kräftig Dampf entweichen läßt, bevor man den Regler auf »Kochen« stellt.

1 kg Grünkohl · 60 g Schweinefett
1 Zwiebel · 3/8 l Wasser
BESONDERS GEEIGNETE GEWÜRZE:
Piment · weißer Pfeffer · Muskat

Die Kohlblätter von den Rippen schneiden und gründlich waschen. Die Blätter werden je nach der ortsüblichen Kochart fein geschnitten oder durch den Fleischwolf gedreht. Die Zwiebeln fein schneiden und auf dem Topfboden bei mittlerer Hitze andünsten. Nun den Kohl beigeben und sofort mit dem Wasser übergießen. Jetzt mit voller Hitze ankochen, entweder im offenen Topf oder bei geschlossenem Topf erst auf »Kochen« schalten, wenn einige Zeit kräftig Dampf ausströmte, wodurch der herbe Geruch sich mildert. Nach der Garzeit mit Salz und Gewürzen abschmecken und in einer heißen Schüssel servieren.

Garzeit: 10–12 Minuten

Wirsing (Welschkohl)

1 Wirsingkopf von etwa 1 kg · 1 Zwiebel
50 g Speck · etwas Schweineschmalz · 3/8 l Wasser
PASSENDE GEWÜRZE:
Vor allem Kümmel, auch Muskat, Pfeffer, Bohnenkraut, Thymian, Majoran, Petersilie

Den Wirsingkopf in Viertel schneiden, Strunk entfernen und vor allem die äußeren, lose sitzenden Blätter gut waschen. In den

Topf das Wasser gießen, den Wirsing in den gelochten Einsatz füllen, den Topf schließen und reichlich dampfen lassen, bevor der Regler auf »Kochen« gestellt wird. Während des Garens in einem Pfännchen den gewürfelten Speck anbraten, noch etwas Schmalz zugeben und darin die feingeschnittene Zwiebel andünsten. Den inzwischen gar gewordenen Wirsing fein hacken oder durch den Wolf drehen, mit Speck und Zwiebel übergießen und durchrühren. Abschmecken mit Salz und Gewürzen und je nach Wunsch und Bedarf im ungelochten Einsatz über ⅛ l Wasser noch kurz etwas weicher garen. Mit frischer Petersilie angerichtet in einer heißen Schüssel servieren.

Garzeit: 5–7 Minuten

Kopfkohl (Weißkraut, Blaukraut usw.)

Die Schnellkochmethode eignet sich für alle als schwer verdaulich geltenden Kohlsorten besonders, da dabei gerade die grob strukturierten Blätter und die harten Rippen gründlich durchgegart werden. Die Bekömmlichkeit wird gesteigert, wenn man erst auf »Kochen« schaltet, wenn kräftige Dampfströme die herbsten Gerüche mitgenommen und entfernt haben.

Bayerisch Kraut, Weißkraut süß-sauer

1 Kopf Weißkraut · 1 Zwiebel · 1/8 l Weißwein
1 Prise Zucker · Essig · 100 g Speck · 1–2 Äpfel
30 g Schweineschmalz · 1 Bouillonwürfel · 1/4 l Wasser

PASSENDE GEWÜRZE:

gehackter Kümmel · Pfeffer

Strunk entfernen und das Kraut fein hobeln oder schneiden. Speck würfeln, auf dem Topfboden bei mittlerer Hitze anbraten, Schmalz beigeben und die gehackte Zwiebel andämpfen. Kraut mit geraspelten Äpfeln und Zucker ebenfalls kurz andünsten. Nun mit dem Wasser aufgießen, in dem der Bouillonwürfel gelöst wurde. Topf schließen und etwas dampfen lassen. Regler auf »Kochen« stellen und garen. Nach der Garzeit mit Wein, Essig, Gewürz und Salz abschmecken. Wenn gewünscht, kann mit einer feingeriebenen rohen Kartoffel etwas gedickt werden. In einer heißen Schüssel servieren.

Garzeit: 4–8 Minuten, je nach gewünschtem Biß

Rotkohl (Blaukraut)

1 Kopf Rotkohl · 1 Zwiebel · 1/8 l Rotwein
1 Apfel · Saft von 1/2 Zitrone · Zucker · 2 EL Butterschmalz
Essig · 1/8 l Wasser

PASSENDE GEWÜRZE:

Piment · Nelken · weißer Pfeffer

Nach Entfernen des Strunks wird der Rotkohl fein geschnitten oder gehobelt und zur Erhaltung der Farbe sofort mit wenig Essig vermischt. Nun den feingeriebenen Apfel, den Rotwein, den Zitronensaft und 1 gestrichenen EL Zucker daruntermischen. Auf dem Topfboden bei mittlerer Hitze die feingeschnittene Zwiebel im Butterschmalz andünsten, das Kraut und das Wasser beifügen und den Deckel schließen. Nach kurzem Dampfen auf »Kochen« schalten und garen. Nach der Garzeit mit den angegebenen Gewürzen und mit Salz abschmecken. Nach Wunsch kann mit einer feingeriebenen rohen Kartoffel gedickt werden. In heißer Schüssel servieren.

Garzeit: 4–10 Minuten, je nach gewünschtem Biß

Sauerkraut (Elsässerkraut)

Es war jahrzehntelang das Geheimmittel der Segelschiffahrt gegen den gefürchteten Skorbut, da es ein hervorragender Spender von Vitamin C ist. Beim Kochen von Sauerkraut im Schnellkochtopf wird das Vitamin C von der Wärme weniger angegriffen.

500 g Sauerkraut · 1 Apfel · 1 Zwiebel
1/8 l Weißwein · einige Wacholderbeeren
1 EL Schweineschmalz · 1/8 l Wasser
PASSENDE GEWÜRZE:
Kümmel · Majoran · Lorbeerblatt

Auf dem Topfboden bei mittlerer Hitze die kleingeschnittene Zwiebel im Fett dünsten, das aufgelockerte Kraut in den Topf geben und sofort mit Wasser und Wein aufgießen. Den kleingeschnittenen Apfel, die Wacholderbeeren sowie andere Gewürze nach Geschmack beigeben und den Topf schließen. Nicht zu lange dampfen lassen.

Man kann das Sauerkraut durch Beigabe von etwas Bratensauce oder einem Schinkenbein, dünnen Scheiben geräucherten Specks usw. immer wieder anders gestalten. Anrichten kann man es z. B. mit gebräunten Zwiebelringen.

Garzeit: 4–10 Minuten, je nach gewünschtem Biß

Ananaskraut

Eine besonders feine Sauerkrautvariante ist das Ananaskraut. Dabei gibt man erst beim Anrichten oder sogar erst auf dem Teller grob geraspelte oder geschnittene Ananasstücke zum Kraut und kann auch Ananassaft darübergießen.

Krautwickel

1 mittlerer Kopf Weißkraut
Für die Füllung:
300 g Hackfleisch · 1 Ei · 1 altbackene Semmel
½ Zwiebel · nach Belieben gehackte Krautblätter
Pfeffer · Muskat · Salz · feingeschnittene frische Petersilie
eine Spur Zucker · ½ l Brühe · 60 g Schweineschmalz
1 EL Tomatenmark

Den Krautkopf heiß waschen. 8 der schönsten äußeren Blätter vorsichtig ablösen. Den Rest des Kopfes achteln und den Strunk entfernen. In den Schnellkochtopf ¼ l Wasser geben, darüber den gelochten Einsatz. In ihn werden die ausgelösten Blätter vorsich-

tig geschichtet. Darüber kann man, wenn gewünscht und der Platz reicht, in den ungelochten Einsatz die gut waschfeuchten Achtel des Krautkopfrestes für einen Krautsalat geben. Jetzt den Topf schließen und 2 Minuten vorgaren. Inzwischen macht man aus den oben angegebenen Zutaten die Füllung als Teig zurecht. Aus dem Topf holt man nun vorsichtig die angegarten großen Blätter, schneidet die dicken Rippen flach und nimmt immer zwei Blätter zusammen für eine Rolle. Man verteilt die Fülle auf die 4 Rollen, wickelt und schlägt dabei die Seiten ein, umwickelt mit Faden oder benützt Klammern.
Auf dem Topfboden zerläßt man bei mittlerer Hitze das Fett und gibt die Wickel, die leicht in feinem Zucker gewälzt wurden, zum Anbraten, wobei man sofort immer wieder etwas Brühe mit zugießt, die einschmort. Sind die Wickel rundum braun, gießt man vollends auf, gibt das Tomatenmark in die Sauce, schließt den Topf und gart.
Die Wickel auf einer heißen Platte anrichten. Die Sauce kann nach Wunsch mit saurem Rahm verfeinert werden und wird sehr heiß über die Kohlrouladen gegossen.

Garzeit: 2 + 8 Minuten

Rosenkohl

Er gehört ebenfalls zu den Wintergemüsen, die erst durch den Frost infolge der Verzuckerung der Kohlehydrate den feinsten Geschmack erhalten. Es ist eine der Kohlsorten, die im Schnellkochtopf nicht nur einen ausgeprägten Geschmack entwickeln, sondern auch bekömmlicher werden.

Vorbereitung: Jedes Röschen einzeln von schlechten Blättern befreien, zu lange Stiele abtrennen und Stielrest kreuzweise einschneiden. Dann gut waschen und abtropfen lassen.

Rosenkohl, gedünstet

500 g geputzter Rosenkohl · 50 g Butterschmalz
1 mittlere gehackte Zwiebel · Muskat · weißer Pfeffer
gehackte Petersilie · Salz · 1/8 l Wasser

Fett auf dem Topfboden bei mittlerer Hitze heiß werden lassen, Zwiebel leicht andünsten und Rosenkohl beigeben. Ebenfalls leicht andünsten, das Wasser zugießen und den Topf schließen. Nach der Garzeit mit den Gewürzen abschmecken. Dazu passen Kastanien.

Garzeit: 3–6 Minuten

Rosenkohl, gedämpft

500 g geputzter Rosenkohl · Muskat · Salz
100 g Butter · 1/4 l Wasser

Die waschfeuchten Röschen ohne irgendwelche Zutaten im ungelochten Einsatz garen. Nach dem Garen die frische Butter unter die Röschen ziehen, abschmecken und auf sehr heißer Platte servieren.

Garzeit: 2–5 Minuten

Kohlrabi

Ein von Frühjahr bis zum Herbst immer frisch erhältliches Gemüse, das auch in seinen oft nicht verwendeten Blättern sehr vitaminreich ist. Nur kleine bis mittelgroße Knollen sind sicher zart. Knollen mit breiten Rissen sollte man nicht kaufen.

Vorbereitung: Die frischen, zarten grünen Blätter entstielen, waschen und hacken oder wiegen. Sie können mit den Knollen verwendet oder zu Suppen oder Saucen verarbeitet werden. Die Knollen dünn schälen (direkt am Blattrand sitzen die würzigsten Teile), waschen, eventuell holzige Teile entfernen und in Scheiben oder Würfel schneiden.

Passende Gewürze: Petersilie, Schnittlauch, frischer Kerbel, Muskat, weißer Pfeffer.

Kohlrabi, gedünstet

4–6 Kohlrabi · je 1 Prise Salz und Zucker
wenig Muskat · gehackte Petersilie oder Schnittlauch,
50 g Butter · ⅛ l Wasser

Butter bei mittlerer Hitze heiß werden lassen, darin die geschnittenen Kohlrabi andünsten, das Wasser angießen und den Topf schließen. Nach dem Garen mit Salz, Zucker und Muskat abschmecken und auf heißer Platte mit Petersilie oder Schnittlauch überstreut servieren.

Garzeit: 3 Minuten

Kohlrabi, gedämpft

4–6 Kohlrabi · Salz · 75 g Butter · 1/8 l Wasser

Im ungelochten Einsatz über Wasser oder einem sonstigen wasserhaltigen Menübestandteil 4 Minuten garen. Wenn gewünscht, auf einer heißen Platte mit flüssiger Butter übergießen und nach Bedarf salzen.
In gedämpfter Form kann das Gemüse mit Kartoffelpüree zu Kohlrabipüree verarbeitet oder mit Schinken und Käse gratiniert oder mit Holländischer Sauce spargelartig angerichtet werden.

Garzeit: 4 Minuten

Blumenkohl

Eine der wohlschmeckendsten Gemüsesorten. Für Gemüse nur feste weiße Köpfe verwenden. Braune Stellen verraten lange Lagerzeit oder Überreife. Solche Köpfe können, stark ausgeschnitten, nur noch für Suppen oder Eintöpfe verwendet werden.

Vorbereitung: Um Ungeziefer zu entfernen, legt man den Kopf mit der Blume nach unten 1/4 Stunde in leichtes Essigwasser (kein Salzwasser!), nachdem man die grünen Blätter bis auf die zarten Blättchen entfernt hat. Der Strunk wird in Höhe des Blumenansatzes abgeschnitten. Die verbleibenden dickeren Strunkteile verwertet man klein geschnitten, oder gehackt, oder in dünne Scheiben geschnitten. Will man den Kopf im Ganzen zubereiten, so schneidet man die verbleibenden Strunkteile und die Stiele je nach Dicke ein- oder mehrmals der Länge nach ein, damit der Strunk mit den zarten Blumen zusammen gegart wird. Soll in einzelnen Röschen gegart werden, so zerlegt man den Kopf in die gewünschten Teile und schneidet die Stiele ebenfalls der Länge nach ein, bei dicken Stielen kreuzweise.

Passende Gewürze: Muskat, Curry, weißer Pfeffer, Petersilie.

Blumenkohl, gedünstet mit Champignons

1 mittelgroßer Kopf · 200 g Champignons

1 mittlere gehackte Zwiebel

50 g Butter oder Butterschmalz · 1/8 l Brühe

Die Butter auf dem Topfboden bei mittlerer Hitze knapp braun werden lassen, den in Röschen zerlegten Blumenkohl mit den Zwiebeln und den Champignons leicht andünsten, mit der Brühe aufgießen. Topf schließen und garen. Dann mit Salz abgeschmeckt zu Reis servieren.

Garzeit: 1 Minute

Blumenkohl, gedämpft

Bei Blumenkohl gedämpft wird entweder der ganze Kopf oder die Röschen mit dem Strunk nach unten in einen gelochten Einsatz gegeben und entweder über Wasser oder der Flüssigkeit eines Menübestandteiles gegart, der auf dem Topfboden fertiggestellt wird.

Garzeit: Röschen 1 Minute, im Kopf 5–8 Minuten

Gedämpfter Blumenkohl ist die Grundlage für eine Menge verschiedener Gerichte.

Man kann ihn salzen und mit gerösteten Semmelbröseln bestreut auf einer heißen Platte anrichten.
Man kann ihn mit geriebenem Parmesan überstreuen und mit fast brauner Butter begießen.
Oder man gratiniert den mit Käse bestreuten Blumenkohl noch rasch in der Röhre oder unter einem Grill.
Oder man püriert den mit etwas Butter übergossenen und mit Muskat gewürzten Blumenkohl, zieht ihn unter heißen Kartoffelbrei und serviert ihn mit gerösteten Semmelbröseln bestreut.
Halbweich gedämpft, kann man ihn in nicht zu festen Pfannkuchenteig tauchen und in Öl oder Fett ausbraten.
Oder man kann ihn direkt fritieren.

Oder, oder, oder – der Fantasie sind keine Grenzen gesetzt! Man kann Blumenkohl mit vielerlei Saucen übergießen oder ihn selbst püriert zu Saucen verarbeiten.

Broccoli, Spargelkohl

Broccoli wird ähnlich wie Blumenkohl vorbereitet, nämlich in nicht zu kleine Röschen geteilt, kurz in leichtes Essigwasser gelegt, dicke Strünke entweder kreuzweise eingeschnitten oder abgetrennt und in Scheiben zerteilt mitgegart.

750 g Broccoli · ¼ l Wasser · Salz
Muskat · 50 g blättrig geschnittene Mandeln · 30 g Butter
FÜR DIE SAUCE:
20 g Butter · 20 g Mehl · ⅛ l Fleischbrühe
Saft von ½ Zitrone
nach Wunsch etwas Sahne zum Verfeinern

Den vorbereiteten, gewaschenen Broccoli im ungelochten Einsatz über Wasser oder einer anderen Speise ca. 5 Minuten dämpfen. Inzwischen die Mandelblättchen in 30 g Butter hellbraun rösten. Den Broccoli aus dem Topf nehmen, in einer Form mit den Mandeln bestreuen und warm stellen. Für die Sauce die Butter erhitzen, das Mehl einrühren, mit der Fleischbrühe aufgießen und einige Minuten kochen. Nach Wunsch mit Sahne verfeinern und mit Zitronensaft, Salz und Pfeffer abschmecken. Den Broccoli entweder mit der Sauce übergießen oder beides getrennt reichen.

Broccoli kann ansonsten genauso angerichtet werden wie Blumenkohl (siehe oben).

Garzeit: 3–6 Minuten

Spinat

Vitamin- und mineralstoffreich ist Spinat ein sehr vielseitiges Gemüse. Da er nur frisch verwendet werden sollte, ist beim Einkauf besondere Sorgfalt geboten. Spinat verliert schon nach kurzer Lagerung erheblich an wertvollen Inhaltsstoffen. Nur Spinat mit sattgrünen Blättern ohne faulige und welke Stellen ist vollwertig. Eine Delikatesse ist aber auch tiefgekühlter Spinat.

Vorbereitung: Gründlich waschen, aber nicht in Wasser liegenlassen! Auslesen und dickere Stiele ausschneiden.

Passende Gewürze: Muskat, Nelkenpfeffer (Piment), gekörnte Brühe.

Da Spinat außerordentlich rasch gart, könnte man der Ansicht sein, ihn auch ohne Schnellkochtopf fertigstellen zu können. Aber das kurze Dämpfen bei geöffnetem Regler nimmt Bitterstoffe weg und macht den Spinat besonders mild.

Blattspinat

750 g ganz junge Spinatblätter · 50 g Butter

Salz · Gewürze · $\frac{1}{8}$ l Wasser · saurer Rahm

Die vom Waschen noch nassen Blätter ganz oder in Streifen geschnitten in den gelochten Einsatz über das Wasser geben. Topf schließen und kurze Zeit kräftig dampfen lassen, auf »Kochen« schalten. Bei Garzeit 0 läßt man das Ventil nur gerade auf vollen Druck kommen und stellt dann den Topf beiseite. Sonst höchstens eine Minute garen. Den fertigen, nichtgehackten Spinat mit der warmen Butter übergießen und ganz nach Geschmack mit Muskat, Piment, Suppenwürze, Petersilie und saurem Rahm in einer heißen Schüssel anrichten.

Garzeit: 0–1 Minute

Spinatgemüse

Zutaten und Garzeit wie vorhergehendes Rezept.

Der gewaschene Spinat wird leicht ausgedrückt, zu mittelgroßen Ballen geformt und durch die Fleischmaschine gedreht. Sonstige Zubereitung wie oben. Noch einfacher geht's mit einem Mixstab, mit dem der Blattspinat im Nu zerkleinert ist.

Spinat, gedünstet

750 g Spinat · 1 Zwiebel · 60 g Fett oder Schweineschmalz
⅛ l Wasser oder Brühe · Salz · Gewürze

Die feingeschnittene Zwiebel wird auf dem Topfboden bei mittlerer Hitze angedünstet. Die Spinatblätter oder der gehackte Spinat werden ganz kurz mitgedünstet und dann sofort unter Rühren Wasser oder Brühe beigegeben. Deckel schließen, kurz dampfen lassen, auf »Kochen« schalten und vorgehen, wie vorhin beschrieben.
Spinat wurde früher mit etwas Mehlschwitze gebunden; man kann ihn aber auch mit gehacktem Schinken und geriebenem Parmesankäse anrichten. Mit heißer Butter oder Sahne püriert, erhalten wir eine Spinatcreme. Zur Vervollständigung können zuletzt verquirlte Eier untergerührt werden.

Garzeit: 0–1 Minute

Mangold

Ein spinatähnliches Rübengemüse, im Garten außerordentlich dankbar, jahrelang immer wieder neu austreibend, solange man bei der Ernte die Herzblätter nicht verletzt. Die Blätter werden verarbeitet wie Spinat, schmecken nur etwas kräftiger. Die Stiele kann man, wenn sie einigermaßen kräftig sind, wie Spargel (Seite 112) zubereiten.

Möhren, Mohrrüben, gelbe Rüben, Wurzeln, Karotten

Die besondere geschmackliche Note der Möhre liegt in ihrem Zuckergehalt, der bei der Zubereitung im Schnellkochtopf besonders wohlschmeckend erhalten bleibt. Der hohe Gehalt an Vitamin A und ihre leichte Verdaulichkeit machen sie besonders geeignet für Kinder- und Diätkost. Sie ist auch die Grundlage für viele Arten von Eintöpfen.

Vorbereitung: Sehr junge und feine Möhren und Karotten nur mit einer kräftigen Brühe säubern, ältere Wurzeln fein schälen oder schrappen. Feine Möhren und vor allem kleine runde Karotten möglichst ganz lassen, größere und ältere Möhren in Scheiben, Würfel oder Streifen schneiden. Je älter und trockener die Rübe ist, desto dünner sollten die Stücke sein, damit sie schnell und gleichmäßig gegart werden.

Passende Gewürze: Petersilie, Pfeffer, Ingwer, Koriander.

Möhren, gedünstet

500 g gereinigte und zerschnittene Rüben
30 g Butterschmalz · 1 Zwiebel · Petersilie
1/8 l Wasser oder Brühe

Butterschmalz auf dem Topfboden bei mittlerer Hitze heiß werden lassen. Die feingeschnittene Zwiebel leicht andünsten, Möhren kurz mitdünsten, unter Rühren Wasser oder Brühe beigeben und den Topf schließen. Nach der Garzeit die Möhren auf einer heißen Platte anrichten und gehackte Petersilie darüberstreuen.

Garzeit je nach Alter und Größe: 4—8 Minuten

Möhren, gedämpft

500 g gereinigte und zerschnittene Rüben

30 g Butter · 1 Apfel · Petersilie · ¼ l Wasser

Auf den Topfboden gibt man das Wasser, darüber in den ungelochten Einsatz die leicht angefeuchteten Möhren. Den vom Kernhaus befreiten, feingeschnittenen Apfel darüberstreuen, ankochen und den Topf sofort schließen. Nach der Garzeit übergießt man die in einer heißen Schüssel angerichteten Möhren mit der geschmolzenen Butter und streut feingehackte Petersilie darüber.

Die gedämpften Möhren können auf verschiedene Weise weiter verarbeitet und verfeinert werden. Man kann ihren Geschmack mit milden Saucen unterstreichen, eine Spur Cognac beigeben, man kann sie püriert und mit heißem Kartoffelpüree gemischt mit Sahne veredelt auf getoastete, aufgeschnittene Brötchen streichen und darüber kalten Braten, Schinken oder sehr dünne Rauchfleischscheiben legen.

Garzeit: 5–10 Minuten

Möhren, pikant

500 g Möhren · 1 Zwiebel · 50 g Butter

Nelkenpfeffer (Piment) · Salz · 3 EL Weißwein · ⅛ l Brühe

Die Zwiebel fein schneiden, die Butter bei mittlerer Hitze auf dem Topfboden erhitzen und die Zwiebel nur andünsten. Die feingewürfelten Möhren ebenfalls kurz dünsten und sogleich die Brühe und den Wein beigeben. Den Topf sofort schließen. Die

Möhren nach dem Garen mit Salz und dem Gewürz abschmekken und auf einer heißen Platte servieren.

Garzeit: 4 Minuten

Karotten, glasiert

500 g junge, runde Karotten · 40 g Fett

30 g Butter · Salz · Zucker · gehackte Petersilie · 1/8 l Brühe

Auf dem Topfboden das Fett bei mittlerer Hitze heiß werden lassen. Die nur gebürsteten, gewaschenen Karotten im Fett dünsten und unter dauerndem Rühren und sehr geringer Zuckerzugabe braun werden lassen. Sofort Brühe angießen und den Topf schließen. Nach der Garzeit die auf einer heißen Platte angerichteten Möhren leicht salzen, mit der hell gebräunten Butter übergießen und mit Petersilie bestreuen.

Garzeit: 3 Minuten

Rübstiel

Ein als »Stielmus« besonders im Rheinland und am Niederrhein im Frühling beliebtes Nationalgericht, sehr wohlschmeckend und vitaminreich in frischem Zustand.

Vorbereitung: Gründlich waschen, aber nicht im Wasser liegenlassen, je nach Wunsch sehr fein oder mittelfein schneiden.

Passende Gewürze: Muskat, Pfeffer, Kerbel, Estragon, Petersilie.

750 g Rübstiele · 2 gekochte Kartoffeln			
30 g Schweineschmalz · 100 g Bauchspeck, gewürfelt			
Muskat · Pfeffer · eine Spur Zucker · 1/8 l Brühe			

Auf dem Topfboden den Speck anbraten, bei mittlerer Hitze Schmalz zufügen, die geschnittenen, waschfeuchten Rübstiele kurz andünsten, sofort die Brühe angießen und die geriebenen, gekochten Kartoffeln obenauf streuen. Den Deckel schließen, kurz dampfen lassen und auf »Kochen« schalten. Die gegarten Rübstiele mit Salz und den Gewürzen abschmecken. Eine Spur Zucker verfeinert den Geschmack. Auf sehr heißer Platte anrichten und mit frischen Kräutern bestreuen. Man kann das Stielmus auch mit heißer Milch oder süßer Sahne anreichern.

Garzeit: 6 Minuten

Sellerie (Knolle)

Knollensellerie ist reich an ätherischen Ölen, die auf die Nieren gefäßerweiternd und damit entwässernd wirken. Nierenkranke dürfen Sellerie nicht zu sich nehmen. Der altüberlieferte volkstümliche Glaube an die sexualhormonartigen Wirkungen von Sellerie scheint durch die neuere Forschung bestätigt zu werden. Sellerie ist Gemüse-, Salat- und Würzpflanze. Man sollte möglichst nicht zu große Knollen kaufen, da die großen oft hohl sind.

Vorbereitung: Die Knollen sehr sauber abbürsten, den Blattansatz knapp, die Wurzelseite großzügig abschneiden, dann die Knolle möglichst sparsam schälen. Man schneidet Sellerie zu Gemüse usw. am besten in Scheiben. Nur wenn Sellerie in Ausbackteig oder paniert weiterverarbeitet werden soll, gart man am besten die ganze Knolle, läßt sie etwas auskühlen und schneidet sie erst dann in Scheiben.

Passende Gewürze: weißer Pfeffer, Paprika, Curry, Petersilie, frisches Selleriegrün.

Sellerie-Apfel-Gemüse

500 g Sellerie · 250 g Kochäpfel · Curry
Salz · Petersilie · ¼ l Wasser · Weißwein

Das Wasser auf den Topfboden gießen. Darüber kommt der gelochte Einsatz mit dem am besten gestiftelten Sellerie, den entkernten, kleingewürfelten Äpfeln und 2 EL Weißwein. Topf sofort schließen, kurz dampfen lassen, dann auf »Kochen« schalten. Nach dem Garen auf einer heißen Platte mit Petersilie oder frischem, sehr klein geschnittenen Selleriegrün anrichten.

Garzeit: 3–5 Minuten

Sellerie, gedünstet

750 g Sellerie · 100 g geräucherter Bauchspeck
30 g Fett · ⅛ l Brühe · Pfeffer · Salz · 1 Apfel · Petersilie

Auf dem Topfboden den gewürfelten Speck gut ausbraten, Fett zugeben und den in Stäbchen geschnittenen Sellerie kurz darin andünsten. Den entkernten, kleingewürfelten Apfel und sofort die Brühe in den Topf geben und schließen. Kurz dampfen lassen, dann auf »Kochen« schalten. Den gegarten Sellerie auf einer heißen Platte nach dem Abschmecken mit Salz und Gewürz anrichten und mit Petersilie überstreuen.
Sellerie ist vielseitig verwendbar, zu Suppen, Gemüsen, Salaten, als Püree, in Scheiben paniert, ausgebacken in Teig, fritiert usw.

Als Grundlage dient meist der gedämpfte Sellerie, evtl. nicht ganz durchgegart, wenn er weiter verarbeitet werden soll. Geschmacklich ergänzen sich Sellerie und Apfel ganz hervorragend.

Garzeit: 3–5 Minuten

Rote Rübe, Rote Bete, Rahne

Die rote Rübe ist zwar ziemlich vitaminarm, dafür aber reich an wertvollsten Mineralsalzen und Spurenelementen. Ihre Wirksamkeit ist leider noch zuwenig erforscht, jedoch kann mit Sicherheit ihre entwässernde, blutreinigende und allgemein verdauungsanregende Wirkung bestätigt werden. Die Rohsäfte scheinen eine entscheidende Wirkung bei krebshemmender Diät und bei der Vorbeugung gegen Grippe zu haben. Man sollte in erster Linie mittelgroße Rüben mit frischen Blättern bevorzugen.

Vorbereitung: Die Knollen kräftig mit einer harten Bürste unter fließendem Wasser reinigen. Dabei möglichst wenig anschneiden, um den Saftaustritt zu verhindern. Blattansatz erst nach dem Garen ausschneiden.

Passende Gewürze: Pfeffer, Anis, Koriander, gemahlene Nelken, Piment, Dill, Lorbeer.

Rote Rübe, gedämpft

750 g rote Rüben (ungefähr gleiche Größe) · ¼ l Wasser

Die nach obiger Anleitung vorgerichteten, möglichst gleich großen Rüben waschfeucht in den ungelochten Einsatz geben. Deckel schließen und sofort garen.

Nach dem Garen kalt abschrecken, Blatt und Wurzelansatz ausschneiden und dünn schälen. Damit haben wir die Grundlage für die meisten Gerichte, bei denen bereits gegarte, zerschnittene rote Rüben verwendet werden, z.B. in heißer Butter geschwenkt, mit Salz, Zucker und Zitrone abgeschmeckt, oder
als Gemüse mit Zwiebeln in heißem Fett angedünstet, mit Brühe, einem Apfel und etwas Essig vollends durchgedünstet, oder
mit Brühe, Weißwein, Apfel und Gewürzen gedämpft, oder
mit gedünsteten Zwiebeln, etwas Zucker, Pfeffer und Salz mit saurer Sahne und Dill auf russische Art zubereitet.
Für Eintöpfe werden die Rüben vor dem Garen geschält und dem Eintopf geschnitten beigegeben. Die Garzeit ist dann wesentlich kürzer.

Garzeit, je nach Größe: 12–15 Minuten

Steckrüben, Kohlrüben, Wruggen

Aus den Kriegszeiten sind sie in nicht immer angenehmer Erinnerung. Aber sie können im Winter, mit fettem Schweine- oder Hammelfleisch, ein ausgezeichnetes herzhaftes Gericht abgeben.

Vorbereitung: Waschen, schälen und in dünne Streifen schneiden.

Passende Gewürze: Pfeffer, Piment, Majoran.

Steckrüben, gedämpft

750 g vorbereitete Steckrüben · 1/4 l Wasser oder Brühe

Wasser auf den Topfboden gießen. Die Steckrübenstreifen mit wenig Wasser oder Brühe in den ungelochten Einsatz geben und garen.

Weiterverarbeitung, als Püree: Mit Schweineschmalz und Zwiebeln bei mittlerer Hitze andünsten, mit heißen Kartoffeln zusammen im Mixer pürieren, heiße Butter und warme Sahne darunterziehen, mit Salz, Pfeffer, Majoran und Essig abschmecken. Geeignet zu fetten Fleischgerichten.

Als Gemüse: Gehackte Zwiebeln in Fett bräunen, die knapp gegarten Steckrüben unter dauerndem Rühren mit etwas Zucker dünsten und nur leicht braun werden lassen. ¼ l Brühe angießen, den Topf sofort schließen und 5 Minuten garen. Nach dem Garen salzen und mit Piment würzen. Mit gehackter Petersilie bestreut auf einer heißen Platte servieren.

Das Gemüse kann auch mit stark angebratenem gewürfeltem Schweinebauch gedünstet oder beim Anrichten mit gebräunten Zwiebelringen und Schweineschmalz übergossen werden.

Garzeit, je nach Dicke der Streifen: 8–10 Minuten

Schwarzwurzeln

Der »Spargel des Winters«, heute als Konserve ganzjährig erhältlich, ist ein besonders köstlicher, leider nicht allen bekanntes Gemüse. Seiner Bekömmlichkeit wegen besonders geeignet für Diät bei Magen- und Darmkrankheiten und für Kinderkost. Auch völlig kochsalzfrei zubereitet schmecken Schwarzwurzeln gut. Sie sind harntreibend, daher auch für Nierendiät geeignet.

Vorbereitung: Gleichmäßige, nicht zu große oder runzelige Wurzeln mit einer rauhen Bürste kräftig waschen (Gummihandschuhe sind empfehlenswert). Die grünen Köpfe abschneiden. Die Wurzeln gründlich sauber schaben und sofort in Wasser legen, das mit dem Saft einer Zitrone versetzt wurde. Nur so viel Wasser nehmen, daß die Wurzeln gerade bedeckt sind. ½ bis 1 Stunde im

Zitronenwasser liegenlassen. Erst kurz vor der Zubereitung in kleinfingerlange Stücke schneiden. Zu dicke Stücke spalten.

Passende Gewürze: Muskat, Pfeffer, Petersilie, Rosenpaprika.

Schwarzwurzeln

Grundrezept

750 g vorbereitete Schwarzwurzeln
¼ l Wasser mit etwas Essigzusatz

Das Wasser auf den Topfboden gießen, darüber den ungelochten Einsatz mit den noch gut feuchten Schwarzwurzelstücken stellen. Den Topf schließen und garen.
Die gegarten Schwarzwurzeln können nach vielen Rezepten weiterverarbeitet werden.
Auf einer heißen Platte angerichtet, mit Muskat und Pfeffer leicht gewürzt, werden sie mit heller oder brauner Butter übergossen. Zusätzlich können sie mit geriebenem Käse bestreut werden. Köstlich munden sie mit warmer Mayonnaise übergossen, die auch mit etwas Senf abgeschmeckt werden kann.
Schwarzwurzeln schmecken auch in Ausbackteig gebacken oder mit gerösteten Semmelbröseln bestreut oder paniert.

Garzeit, je nach Dicke: 6–8 Minuten

Spargel

Nicht nur vom geschmacklichen, sondern auch vom diätetischen Standpunkt gesehen, ist er ein besonders hochwertiges Gemüse. Kalorienarm, eiweißarm, leider auch vitaminarm, aber reich an entwässernden Wirkstoffen. Daher besonders geeignet für Nierendiät und – ohne die übliche Butterbeigabe – für Schlankheitskuren. Der grüne Spargel ist vitaminreicher und noch typischer im Geschmack. Daher ist er bei den Franzosen, Italienern und Spaniern besonders beliebt.

Vorbereitung: Spargel sorgfältig schälen, dabei die möglichst ziemlich gleichmäßigen Stangen unterhalb des Kopfes beginnend zuerst dünn, dann gegen das Ende zu dick schälen. Die holzigen Enden abschneiden. Schalen und Enden gut waschen und mitgaren. Sie geben dem Saft ein kräftigeres Aroma. Zu dicke Spargelstangen kann man bis zu $^2/_3$ Länge von unten an schlitzen.

Spargel, gekocht

750–1000 g Spargel · 20 g Butter

etwas Salz und Zucker · 1 l Wasser

Wasser auf dem Topfboden zusetzen und sofort die Spargelschalen und -enden, die Butter und etwas Salz und Zucker beigeben. In das kochende Wasser gibt man die Spargelstangen. Hat man keinen Spargelheber, so legt man die Stangen auf einen ca. 10 cm breiten, ziemlich langen Streifen Aluminiumfolie, mit dem der Spargel in den Topf gehoben und herausgeholt werden kann. Den Topf sofort schließen.

Garzeit: 3–8 Minuten

Spargel, in Dampf gegart

750–1000 g Spargel · 20 g Butter
etwas Salz und Zucker · ¼ l Wasser

Wasser auf den Topfboden gießen. Darüber den ungelochten Einsatz mit den Schalen und Spargelenden und wenig Wasser stellen. In den gelochten Einsatz den mit etwas Salz und Zucker bestreuten und mit Butterflöckchen belegten Spargel geben. Topf schließen und wie üblich garen. Nach dem Garen hat man im ungelochten Einsatz etwas Saft, den man zusammen mit den Schalen usw. mit weiterem Wasserzusatz nochmals aufkochen kann.
Für die Weiterverarbeitung von Spargel gibt es eine Unmenge Rezepte. Berühmte Spargelküchen haben Speisekarten mit 50 und mehr verschiedenen Spargelgerichten.
Am einfachsten ist das Übergießen mit heißer Butter, die mehr oder weniger gebräunt sein kann. Die Butter kann mit gerösteten Semmelbröseln vermischt sein. Man kann auch geriebenen Käse über den Spargel streuen und die heiße Butter darübergießen.
Bei einer anderen Variante gibt man über die Köpfe gehacktes Eigelb und Petersilie und übergießt mit in Butter gebräunten Semmelbröseln.
Auch weiße Saucen oder Mayonnaisen werden gewärmt über den Spargel gegossen.
Mit dem Kochwasser oder dem bei »Spargel, gedämpft« gewonnenen Saft kann die heiße Butter gestreckt und schmackhaft gemacht werden, oder man stellt Spargelsuppe damit her.

Garzeit: 3–8 Minuten

Artischocken

Artischocken ergeben eine beliebte Vorspeise. Ihre Wirkstoffe sind besonders bei Galle-Leber-Diät günstig.

Vorbereitung: Kurz waschen in mit Zitronensaft gesäuertem Wasser. Den Stiel bei großen Sorten bis auf etwa 1 cm kürzen. Bei knackigen Artischocken kann man ihn gut abbrechen, bei kleineren Sorten ruhig länger lassen. Dornige Blattspitzen abschneiden. Die Artischocken mit Zitronensaft beträufeln. Das sogenannte »Heu« kann vor oder nach dem Garen entfernt werden.

4 Artischocken · 30 g Butter · Salz

Zitronensaft · 3/8 l Wasser

Die Butter auf dem Topfboden erhitzen. Das Wasser mit dem Zitronensaft und etwas Salz beifügen und die Artischocken in das kochende Wasser geben. Den Topf schließen. Nach dem Garen, wenn nicht schon erfolgt, das »Heu« entfernen. Zu den Artischocken reicht man heiße Butter, Mayonnaise oder eine Vinaigrette, in die man die einzeln ausgezupften Blätter tunkt, die anschließend mit den Zähnen abgestreift werden. Am delikatesten ist der Boden.

Garzeit, je nach Sorte und Größe: 5–10 Minuten

Fenchel, Finocchi

Ein beliebtes Gemüse mit anisartigem Geschmack. Seine ätherischen Öle wirken wohltuend auf die Atemwege. Wertvoll sind nur Knollen mit frischen Stengeln und hellgrünen, feinen Blättern.

Vorbereitung: Knollen kurz mit kaltem Wasser waschen. Die Stiele und markhaltigen Außenteile sowie den Wurzelansatz entfernen. Das feine Grün beiseite legen. Knollen halbieren oder ganz große vierteln.

Passende Gewürze: Muskat, weißer Pfeffer, Koriander, Petersilie.

3–4 Knollen · etwas Butter · ¼ l Wasser

evtl. 1 Glas Wein

Wasser auf den Topfboden geben. Den Boden des ungelochten Einsatzes ausbuttern. Die Knollen nebeneinander auf den Einsatzboden setzen. 1 EL Wasser oder 1 Glas Wein in den Einsatz geben. Topf schließen und wie üblich garen.
Die Weiterverarbeitung kann nach Belieben auf verschiedene Art erfolgen.
Man gibt die Knollen auf eine heiße Platte, überstreut sie mit feingehacktem Fenchelgrün und würzt mit etwas Pfeffer. Dann gibt man zerlassene oder braune Butter darüber.
Oder man überstreut nach dem Garen mit Parmesankäse und gießt dann heiße Butter darüber.
Oder man gibt den Fenchel nach dem Garen in eine feuerfeste Form, würzt, überstreut ihn mit Parmesan, gießt Butter darüber und überbäckt das Gericht kurz in der Röhre.

Garzeit: 4–8 Minuten

Lauch, Porree

Ein vielseitig verwendbares Gemüse, dessen ätherische Öle den gesamten Verdauungsapparat, die Atmungswege, die Harnorgane und die blutbildenden Organe günstig beeinflussen und anregen. Der Gehalt an Vitamin C ist beachtlich. Im Schnellkochtopf wird Lauch nicht nur bekömmlicher, sondern auch ausdrucksvoller im Geschmack.

Vorbereitung: Der Wurzelansatz und die schlechten grünen Teile werden entfernt. Da sich zwischen den Blattscheiden Schmutz und Erde ansammeln können, öffnet man die Lauchstange am besten durch einen Längsschnitt von oben nach unten und kann nun die Stange aufgefächert unter fließendem Wasser gründlich reinigen. In beliebig lange Stücke schneiden.

Passende Gewürze: Pfeffer, Paprika, Petersilie.

Lauch, gedünstet

1 kg Lauch · 100 g gewürfelter geräucherter Bauchspeck

¼ l Brühe · Pfeffer

Den gewürfelten Bauchspeck auf dem Topfboden gut anbraten, den Lauch nur leicht andünsten, Brühe beigeben, Topf schließen, kurz dampfen lassen, dann auf »Kochen« schalten. Das fertige Gemüse auf heißer Platte anrichten, mit etwas Pfeffer abschmekken und eventuell mit Petersilie überstreuen.

Garzeit: 2–4 Minuten

Lauch, gedämpft

1 kg Lauch · 20 g Butter · Streuwürze · ¼ l Wasser

Wasser auf den Topfboden gießen, den ungelochten Einsatz mit dem waschfeuchten Lauch, der mit Butterflöckchen und Streuwürze versehen wurde, hineinstellen. Deckel schließen, kurz dampfen lassen, auf »Kochen« schalten.

Nach dem Garen kann mit Reibkäse und heißer Butter oder mit in Butter gebräunten Bröseln angerichtet werden.
Der nicht zu weich gedämpfte Lauch kann auch in einer feuerfesten Form mit reichlich Streukäse und etwas Paprika überstreut, mit heißer Butter übergossen und dann in der Röhre oder im Grill kurz überbacken werden. Sobald der Käse schmilzt, ist der Lauch fertig zum Servieren.

Garzeit: 3–5 Minuten

Auberginen, Eierfrüchte

Auberginen wachsen rund ums Mittelmeer und sind auch bei uns fast das ganze Jahr über erhältlich. Am besten schmecken sie in Verbindung mit Tomaten, Paprikaschoten, Zucchini, Zwiebeln und Knoblauch, also in Form eines **»Ratatouille«,** einem wunderbaren südfranzösischen Gemüsegericht.
Man kann dieses Gericht durchaus im Schnellkochtopf zubereiten, wobei zuerst die gehackten Zwiebeln auf dem Topfboden in Olivenöl angedünstet werden, dann der zerdrückte Knoblauch, die geschälten Tomaten (eventuell aus der Dose, mitsamt ihrem Saft), die in Streifen geschnittenen Paprikaschoten, die in Scheiben oder Würfel geschnittenen Zucchini und die ebenso zerteilten Auberginen zugefügt werden. Zur Dampf- und Geschmacksentwicklung gibt man noch ⅛ l Weißwein und einen Zweig Thymian zu.

Garzeit: 4–6 Minuten, je nach Zerkleinerungsgrad

Gewürzt wird das Gericht mit Salz, Pfeffer und eventuell ein wenig Instantbrühe.

Sehr gut schmecken Auberginen auch mit einer Hackfleisch- oder einer Anchovis-Eier-Käsefüllung, wobei das ausgehöhlte

Fruchtfleisch gehackt und mitverwendet wird. In diesem Fall die gewaschenen, ungeschälten Auberginen nur am Stengelansatz kappen und in der Mitte längs durchgeteilt im gelochten Einsatz über Wasser kurz dämpfen und anschließend weiterverarbeiten.

Garzeit: 2–3 Minuten, je nach Größe

Zucchini, Courgettes

Dieses bei uns fast immer erhältliche Kürbisgemüse ist relativ geschmacksneutral und oft so zart, daß es nicht im Schnellkochtopf gegart werden müßte. Es gibt davon allerdings auch recht große Exemplare, die sich – ebenso wie Auberginen – besonders gut zum Füllen eignen. In diesem Fall gart man sie kurz vor, am besten im gelochten Einsatz über Wasser, höhlt sie anschließend aus, hackt das ausgelöste Fruchtfleisch und verwendet es für die Farce, z. B. mit gewürfeltem Schinken, gehackten Zwiebeln, Petersilie und/oder etwas Thymian, Paniermehl und Ei, das Ganze bestreut mit Käse und kurz im Ofen überbacken. Dazu paßt auch eine Tomatensauce, die in die Form gegossen wird.

Garzeit: 2–4 Minuten

Ansonsten gehören Zucchini in südliche Gemüsegerichte, wie z. B. *Ratatouille,* siehe Seite 118.

Grüne Bohnen, Fisolen

Es gibt sehr viele Bohnensorten, die sich jedoch im Kochtopf ziemlich gleich verhalten. Am besten sind junge, fadenlose Bohnen, die ungebrochen und ungeschnitten gegart werden sollten. Das in vielen Bohnensorten im rohen Zustand befindliche Gift wird durch Kochen völlig zerstört. Wenn Bohnen fettlos oder fettarm zubereitet werden, sind sie kalorienarm, also gut für eine Abmagerungsdiät. Außer Eiweiß enthalten sie wenig Nährstoffe, aber viel Vitamin C und Ballaststoffe, die bei Darmträgheit helfen. Wertvoll ist ihr Reichtum an entwässernden Mineralsalzen bei Wassersucht und rheumatischen Leiden.

Vorbereitung: Waschen, Enden abschneiden, wenn nötig, abfädeln. Dicke Bohnen ziemlich fein schneiden, sonst mehrmals brechen.

Passende Gewürze: Bohnenkraut, Petersilie, Dill, Schnittlauch, Pfeffer, Muskat, Curry, Basilikum.

Bohnen, gedünstet

750 g Bohnen · 1 Zwiebel · 50 g Fett

1 EL feingehacktes Bohnenkraut · ¼ l Brühe

Die feingeriebene Zwiebel im Fett auf dem Topfboden andünsten, Bohnen beigeben und kurze Zeit mitdünsten, mit dem Wasser aufgießen und das Bohnenkraut zufügen. Topf sofort schließen und garen. Die fertiggegarten Bohnen mit Salz und eventuell Pfeffer oder Muskat abschmecken, in eine heiße Schüssel geben und mit Petersilie überstreuen.

Garzeit: 3–5 Minuten

Bohnen, gedämpft

750 g Bohnen · 1 Zwiebel · 1 Stiel Bohnenkraut

30 g Butter · 1/8 l Wasser · Streuwürze

Das Wasser auf den Topfboden gießen. In den ungelochten Einsatz gibt man die waschfeuchten Bohnen mit dem Bohnenkraut, darüber die geriebene Zwiebel, die Butter in Flöckchen und etwas Streuwürze. Den Topf schließen und garen.
Die gedämpften Bohnen können auf verschiedene Weise serviert werden: mit heißer Butter und Semmelbröseln, dazu etwas Petersilie, oder etwas Rahm oder eine helle Sauce, oder feingewürfelten geräucherten Speck stark anbraten und darübergießen oder mit Tomatenvierteln belegen, oder mit geriebenem Käse und brauner Butter verfeinern.
Natürlich entfernt man nach dem Garen das Bohnenkraut.

Garzeit: 4–6 Minuten

Hülsenfrüchte

Reich an Eiweiß und Kohlehydraten sind sie, wenigstens soweit es sich um getrocknete Hülsenfrüchte handelt, kalorienreich und sättigend. Der Vitamingehalt ist gering, um so größer der Gehalt an wichtigen Wirkstoffen, die z. B. Haut und Schleimhaut sowie Haarwuchs günstig beeinflussen können. Ihre Zubereitung ist im Schnellkochtopf nicht mehr problematisch. In kürzester Zeit, eventuell auch ohne Vorweichen schnell zubereitet, sind sie bekömmlicher als beim normalen Kochen, da sie ganz durchgaren. Sie müssen aber unbedingt völlig salzlos gekocht werden, da die Garzeit sonst erheblich verlängert wird. Dieselbe Wirkung hat auch das aus geschmacklichen Gründen gerne geübte Mitkochen von Rauchfleisch, Salzfleisch usw. Will man darauf nicht verzichten, soll man mindestens die Hälfte der Garzeit ohne diesen Zusatz garen und erst dann das Fleisch beigeben.

Vorgeweichte Hülsenfrüchte werden mit dem Einweichwasser verarbeitet. Man kann Hülsenfrüchte dann als gut vorgeweicht betrachten, wenn sie ihr Eigengewicht an Wasser aufgenommen haben. Das ist ungefähr der Fall bei halben Erbsen in 6 Stunden, ganzen Erbsen in 24 Stunden, Linsen in 3 Stunden und weißen Bohnen in 10 Stunden. Bei völlig vorgeweichten Hülsenfrüchten kann Rauchfleisch usw. sofort mitgegart werden, aber das Salzen sollte man auf alle Fälle erst nach dem Garen vornehmen.

Die stark schäumenden Hülsenfrüchte sind im offenen Topf anzukochen und gründlich abzuschäumen, bevor der Topf geschlossen wird. Schaum kann die Wirksamkeit des Ventils beeinträchtigen oder ganz verhindern.

Vorgeweichte Hülsenfrüchte garen einige Minuten rascher. Lange gelagerte Hülsenfrüchte benötigen eine etwas längere Garzeit. Kalkhaltiges Wasser verzögert die Garung.
Ganz erhebliche Unterschiede in der Garzeit bestehen zwischen den im Norden und Westen bevorzugten ungeschälten Erbsen und den im Süden überwiegenden gespaltenen Erbsen ohne Schale. Die schwer durchdringbare Schale verlängert die Garzeit um das 4- bis 5fache. Weil dabei mehr Wasser verbraucht wird, rechnet man auf 100 g 3/8 l Wasser.

Erbspüree

Lesen Sie das in der Einleitung Gesagte!

Vorbereitung: Erbsen waschen und verlesen.

Passende Gewürze: Pfeffer, Muskat, Petersilie, Thymian.

400 g gespaltene grüne oder gelbe Erbsen
1 Zwiebel · 1¼ l Wasser (kein Salz!)

Wasser auf den Topfboden gießen, die vorbereiteten Erbsen und die feingeschnittene Zwiebel zufügen. Im offenen Topf ankochen, wenn nötig, gut abschäumen. Topf schließen und sofort auf »Kochen« schalten.
Nach der Garzeit mit Salz und den oben angegebenen Gewürzen abschmecken. Wenn gewünscht, 100 g geräucherten Speck, fein gewürfelt, kräftig ausbraten und über die Erbsen geben.
Will man Rauchfleisch, Salzfleisch usw. mit den Erbsen zusammen garen, so muß man dieses in schmale Stücke schneiden. Die Garzeit verlängert sich bei gesalzenem Fleisch (auch Rauchfleisch gehört dazu) auf etwa das Doppelte.
Nach Geschmack kann zum Anrichten auch etwas Essig zum Brei gegeben werden.

Ob Sie den Erbsbrei nach dem Garen passieren wollen oder lieber mit etwas »Biß« servieren, ist Geschmackssache.

Garzeit: 10 Minuten

Erbsbrei mit Zwiebelringen

400 g ungeschälte gelbe Erbsen · 1 Räucherschwarte

2 Zwiebeln · 1½ l Wasser · 50 g Butter oder Butterschmalz

Wasser auf den Topfboden geben (bei eingeweichten Erbsen das Einweichwasser mitverwenden), Erbsen beigeben. Im offenen Topf ankochen, abschäumen. Topf schließen, sofort auf »Kochen« schalten und 25 Minuten vorgaren. Topf abkühlen, vorsichtig öffnen und die Räucherschwarte beigeben. Sofort wieder schließen und fertiggaren. Nach dem Garen die Erbsen durch ein Sieb drücken oder mit dem Mixstab nach Belieben pürieren und mit einer kräftigen Brühe zu einem nicht zu weichen Brei rühren. Die in Ringe geschnittenen Zwiebeln indessen in der Butter gelb anbraten und beim Anrichten über den Erbsbrei geben.

Garzeit: uneingeweicht 45 Minuten, eingeweicht 35 Minuten

Grüne Erbsen, frisch

Frische grüne Erbsen sind erheblich kalorienärmer als die getrockneten Hülsenfrüchte. Sie sind besonders leicht bekömmlich und daher in der Diät den zarten Gemüsen gleichzusetzen.

Vorbereitung: Die möglichst frischen Schoten erst kurz vor dem Kochen entleeren. Die Erbsen nicht waschen!

Passende Gewürze: Petersilie, Schnittlauch, Thymian, Minze, Dill, Kerbel, Ingwer, Muskat, Pfeffer, Piment.

Grüne Erbsen, frisch gedünstet

500 g entschotete grüne Erbsen · 100 g Räucherspeck
½ Zwiebel · Pfeffer · Piment · ⅛ l Brühe

Auf dem Topfboden den feingeschnittenen Räucherspeck hellbraun ausbraten, die geriebene Zwiebel darin andünsten, Erbsen ebenfalls kurz mitdünsten. Sofort mit der Brühe aufgießen. Einen Hauch Pfeffer und Piment beigeben und den Topf sofort schließen. Nach der Garzeit abschmecken, auf einer heißen Platte anrichten und mit feingehackten Kräutern nach Wahl überstreuen.

Garzeit: 3–5 Minuten

Grüne Erbsen, frisch, gedämpft

500 g entschotete grüne Erbsen · 25 g Butter · ½ Zwiebel
⅛ l Wasser · Streuwürze

Das Wasser auf den Topfboden gießen, darüber den ungelochten Einsatz mit den Erbsen, die mit 2 EL Wasser benetzt wurden, stellen. Die feingeriebene Zwiebel und Butterflöckchen zufügen, den Topf schließen und garen.
Die gegarten Erbsen können auf verschiedene Arten serviert werden:
Mit Pfeffer abgeschmeckt, mit zerlassener Butter übergossen und mit Petersilie überstreut,

mit Pfeffer und Piment gewürzt und mit hellbraun geröstetem, feingeschnittenem Räucherspeck übergossen oder
mit etwas geriebenem Käse bestreut und mit zerlassener Butter übergossen.
Sie können auch feingewürfelte Möhren mit den Erbsen zusammen garen, mit etwas Pfeffer und Muskat abschmecken und mit feingewiegtem Kerbel überstreuen.

Garzeit: 4–6 Minuten

Linsen

Einleitung »Hülsenfrüchte« beachten!

Vorbereitung: Waschen, verlesen und, wenn gewünscht, einweichen.

Passende Gewürze: Pfeffer, Lorbeer, Muskat.

Linsengemüse

400 g Linsen · 1 Zwiebel · 100 g geräucherter Speck

Pfeffer oder Muskat · Essig oder Zitronensaft · 2 l Wasser

Wasser (eventuell Einweichwasser) auf den Topfboden gießen und die Linsen im offenen Topf ankochen und gründlich abschäumen. Topf schließen und sofort auf »Kochen« schalten. Inzwischen den gewürfelten Speck ausbraten und die feingeschnittene Zwiebel im Fett andünsten. Linsen nach der Garzeit mit den oben angegebenen Gewürzen und Salz abschmecken, in eine heiße Schale geben und mit dem Speck übergießen.
Hierbei sollen die Linsen ganz bleiben. Will man Suppe oder Linsenbrei herstellen, so gart man etwa 15 Minuten.

Einen besonderen Geschmack bekommt man, wenn man einen Teil des zum Garen beigegebenen Wassers durch Rotwein ersetzt. Bei *Linsenpüree* gibt man beim Pürieren $\frac{1}{10}$ l saure Sahne bei, schmeckt mit Rotwein und Pfeffer ab und erhitzt nochmals kurz.

Garzeit: nicht eingeweicht 8 Minuten, eingeweicht 6 Minuten

Weiße Bohnen

Die getrockneten Kerne der grünen Bohnen werden behandelt wie getrocknete Erbsen. Nur die Garzeit ist länger.

Garzeit: nicht vorgeweicht 18 Minuten, vorgeweicht 15 Minuten

Dicke Bohnen, Puffbohnen, Saubohnen

Eine Spezialität einiger Gebiete, die bekannt sind für ihre Vorliebe für schweres Essen. Dicke Bohnen sind am besten, wenn man sie kurz vor der Zubereitung aus den frischgrünen Schoten pellt.

Passende Gewürze: Bohnenkraut, Petersilie, frischer Dill, Rosmarin, Pfeffer, Cayennepfeffer, Piment.

500 g Dicke Bohnen
60 g Schweineschmalz oder ein anderes Fett
$\frac{1}{8}$ l Wasser · 1 Stiel Bohnenkraut

Das Fett auf dem Topfboden bei mittlerer Hitze zerlassen, die frisch enthülsten Dicken Bohnen kurz darin andünsten, gut $\frac{1}{4}$ l Wasser angießen, Bohnenkraut beigeben und den Topf sofort schließen. Nach der Garzeit das Bohnenkraut entfernen und mit

Salz und nach Belieben mit einem der oben angegebenen Gewürze abschmecken.
Man kann Dicke Bohnen auf verschiedene Weise verfeinern, z. B. heiße braune Butter darübergießen oder mit feingeschnittenem, knusprig gebratenem Räucherspeck bestreuen, dem man auch etwas feingeschnittene Zwiebel beigeben kann. Zieht man über die so angerichteten Dicken Bohnen zuletzt noch ⅛ l saure Sahne, so erhält man wieder einen anderen Geschmack.

Garzeit: 8 Minuten

Kichererbsen

500 g Kichererbsen · 1½ l Wasser · 1 große Zwiebel
einige ganze Nelken · 1 Knoblauchzehe · 2–3 Möhren
Salz · Pfeffer · 1 Lorbeerblatt · Thymian oder Oregano
1 Gemüsebrühwürfel · 1 dl Öl · Essig nach Geschmack

Kichererbsen oder Garbanzos haben – genau wie die anderen Hülsenfrüchte – eine sehr unterschiedliche Garzeit. Am besten weicht man sie schon am Vorabend im Wasser ein. Will man sie uneingeweicht verwenden, brauchen sie 15–20 Minuten länger.
Die Kichererbsen mit dem Einweichwasser direkt auf den Topfboden schütten, die geschälte, mit Nelken gespickte Zwiebel und die feingehackte Knoblauchzehe zufügen. Möhren schälen und in längliche Stücke oder Scheiben schneiden. Zusammen mit der Hälfte des Öls in den Topf geben. Lorbeerblatt und Thymian oder Oregano zugeben. Offen zum Kochen bringen, abschäumen, den Topf schließen, kurz entlüften und auf die höhere Garstufe schalten. Nicht schnell abdampfen, sondern erst etwas absitzen lassen. Nach dem Öffnen des Deckels den Brühwürfel, das restliche Öl und nach Geschmack Essig unterrühren, pfeffern und eventuell salzen. Nach Wunsch können die Kichererbsen

auch mit einem Mixstab püriert werden. In dem Fall natürlich vorher das Lorbeerblatt und die Zwiebel entfernen.

Garzeit: 25—30 Minuten, uneingeweicht 40—50 Minuten

Kichererbsenmus

Hummus

Für dieses Rezept aus dem Libanon brauchen Sie

250 g Kichererbsen, über Nacht eingeweicht

1—2 Knoblauchzehen

2 Tassen Sesampaste (Tahini, aus dem Reformhaus)

etwas Sesamöl · Saft von 1—2 Zitronen

gehackte Petersilie · Paprika edelsüß · Olivenöl

Die eingeweichten Kichererbsen mitsamt dem Einweichwasser direkt auf den Topfboden schütten, offen zum Kochen bringen, abschäumen, den Topf schließen, kurz entlüften und auf die höhere Garstufe schalten. Nach dem Garen absitzen lassen, den Topf vorsichtig öffnen, überschüssiges Kochwasser evtl. abgießen, die Erbsen mit einem Mixstab pürieren, jedoch soviel von dem Kochsud zufügen, daß es ein glattes Püree ergibt. Die Knoblauchzehen fein hacken, mit Salz zerdrücken, zusammen mit dem Zitronensaft, dem Sesamöl und Tahini sowie Petersilie und Paprika zufügen und fein abschmecken. In arabischen Ländern serviert man Hummus als Vorspeise zusammen mit Tomaten, Karotten, Oliven, Gurken oder anderer Rohkost. Zum Schluß gießt man noch etwas Olivenöl über das Kichererbsenmus und gibt frisches Brot, Kräcker oder Toast dazu.

Garzeit: 25—30 Minuten

Kartoffeln

Die Kartoffel ist aus unserer Ernährung nicht mehr wegzudenken. Sie ist nicht nur reich an leichtverdaulicher Stärke, sondern auch an Vitaminen und Mineralstoffen. Am wertvollsten ist sie als Pellkartoffel, wenn die Schale nur hauchdünn abgezogen wurde.
Direkt unter der Schale sitzen nämlich die hochwertigsten Teile. Will man sie geschält garen, etwa als Salzkartoffel, so soll man sie unbedingt erst kurz vor der Verarbeitung schälen und vor allem auch erst zuletzt kleinschneiden. Der Luftsauerstoff kann natürlich um so mehr angreifen und vor allem das Vitamin C vernichten, je größer die beim Schälen und Schneiden freigelegte Oberfläche ist. Die Sitte, geschälte Kartoffeln in mit Salz angereichertem Wasser frisch zu halten, hat sich als Bumerang erwiesen, denn das Kochsalz aus dem Wasser entzieht den Kartoffeln die viel wertvolleren eigenen Mineralsalze (die mit dem Wasser weggeschüttet werden) und wandert selbst in die Kartoffeln hinein.
Eine viel bessere Methode, geschälte Kartoffeln zu schützen, wenn es schon nicht anders zu machen ist, besteht darin, die Kartoffeln in einem Tiefkühl-Plastikbeutel zu geben, die Luft soweit als möglich herauszudrücken und den Beutel, luftdicht verschlossen, dunkel und kühl aufzubewahren. Gewöhnliche Plastikbeutel sind leicht luftdurchlässig, was bei Tiefkühlbeuteln nicht der Fall ist.
Die rasche Garung im Schnellkochtopf ergibt besonders gute Kartoffeln, wenn man folgende Regeln beachtet:
Pellkartoffeln stets für sich garen, nicht mit anderen Speisen zusammen.
Möglichst annähernd gleich große Kartoffeln zusammen garen, um eine gleichmäßige Garung zu erreichen.

Salzkartoffeln nicht vor dem Garen salzen. Das Feuchtigkeit ziehende Salz ergibt nasse Kartoffeln. Wenn überhaupt, dann nachher salzen. Versuchen Sie einmal Salzkartoffeln aus dem Schnellkochtopf ohne Salz! Viele schätzen sie so besonders.
Wollen Sie aufgesprungene Pellkartoffeln, so verwenden Sie eine Schnellöffnungsmethode, am besten Abdampfen. Sollen sie nicht aufspringen, dann müssen Sie absitzen lassen!
Die Garzeit bei Kartoffeln hängt außer von der Dicke und der Sorte auch vom Alter ab. Auch ganz junge Kartoffeln können länger brauchen als kurz gelagerte.

Pellkartoffeln, Schalenkartoffeln

Kartoffeln nach Bedarf (gleich groß!) · ¼ l Wasser

Wasser auf den Topfboden gießen. Die gut gewaschenen, evtl. gebürsteten Kartoffeln in den gelochten Einsatz geben. Wenn man schon den Pellkartoffeln ein leichtes Aroma vermitteln will, kann man z.B. gemahlenen Kümmel oder gehackte Kräuter über die Kartoffeln streuen. Topf schließen, Dampf entwickeln lassen und auf »Kochen« schalten. Will man nicht aufgesprungene Kartoffeln, so verwendet man keine Schnellöffnungsmethode (siehe Seite 36).
Pellkartoffeln schmecken am besten und bleiben am wärmsten, wenn sie erst bei Tisch geschält werden.
Für das Weiterverarbeiten gibt es unzählige Möglichkeiten: Püree, Bratkartoffeln, Rösti, mit Butter übergossen, mit Butter und Petersilie gedämpft, als Kartoffelschmarrn, in Bouillon gekocht, zu Kartoffelsalat usw.
Nebenbei bemerkt ist es eine leider weitverbreitete, barbarische Unsitte, Kartoffelsalat kalt auf den Tisch zu bringen. Bratensauce

verwandelt sich dann am Salat zu unappetitlichen Fettklumpen. Also bitte: warm servieren!

Garzeit: je nach Sorte und Größe 8–12 Minuten

Salzkartoffeln

Kartoffeln nach Bedarf · ¼ l Wasser

Die kurz zuvor geschälten Kartoffeln in gleichmäßig dicke Scheiben schneiden (10–15 mm). Wasser auf den Topfboden gießen, darüber den gelochten Einsatz mit den Kartoffeln stellen. Nicht salzen, aber wenn gewünscht, feingehackte Kräuter oder einen Hauch gemahlenen Kümmel darübergeben. Topf schließen. Dampf entwickeln lassen und auf »Kochen« schalten. Unbedingt Schnellöffnungsmethode, am besten Abdampfen, verwenden. Nach dem Öffnen des Topfes kurz ausdampfen lassen und in heißer Schüssel servieren. Wenn überhaupt gewünscht, jetzt erst salzen.

Garzeit: je nach Sorte und Dicke der Scheiben 5–8 Minuten

Bouillonkartoffeln

1 kg Kartoffeln · 50 g Butterschmalz

½ Zwiebel · ¾ l Bouillon · Petersilie

Kartoffeln fein schälen und in nicht zu große Stücke schneiden. Butterschmalz auf dem Topfboden bei mittlerer Hitze heiß werden lassen, Zwiebel fein geschnitten darin leicht anbräunen, Bouillon und die Kartoffelstücke beigeben. Topf schließen, kurz dampfen lassen und auf »Kochen« schalten. In heißer Schüssel servieren, mit Petersilie bestreuen und – wenn gewünscht – noch einige Butterflöckchen aufsetzen.

Garzeit: 5–6 Minuten

Lyoner Kartoffeln

1 kg rohe, geschälte Kartoffeln

50 g Butter oder Butterschmalz · 2 Zwiebeln

¼ l herber Weißwein · Pfeffer

Auf dem Topfboden erhitzt man das Fett bei mittlerer Hitze und dünstet die feingeschnittenen Zwiebeln an. Nun gibt man die nicht zu grob geschnittenen Kartoffeln bei, übergießt mit dem Wein und schließt den Topf sofort. Sogleich auf »Kochen« schalten. Nach dem Garen mit Pfeffer und Salz würzen. Wenn gewünscht, mit etwas Stärkemehl andicken.

Garzeit: 7 Minuten

Himmel und Erde

500 g Kartoffeln · 500 g Äpfel · 2 Zwiebeln

50 g geräucherter Bauchspeck · ½ l Brühe · Muskat

Pfeffer · Salz · Petersilie

Die geschälten Kartoffeln und die entkernten Äpfel fein würfeln. Den Speck auf dem Topfboden anbraten, die grobgeschnittenen Zwiebeln im Fett andünsten. Brühe und die Kartoffel- und Apfelstücke beigeben. Den Topf schließen und auf »Kochen« schalten. Nach dem Garen mit Muskat, Pfeffer und Salz abschmecken und unverrührt in eine heiße Schüssel geben. Mit Petersilie überstreuen. Darüber gehören dicke Scheiben gebratener Blutwurst und sehr viel gebräunte Zwiebelringe.

Garzeit: 7 Minuten

Reis und Teigwaren

REIS

Ein besonders vielseitig verwendbares Nahrungsmittel, das allerdings durch die »kulturelle« Verfeinerung nur noch einseitig überwiegend kohlehydratreich ist. Seine Stärke ist leicht verdaulich, daher seine Eignung für Diät. Die direkt unter dem Silberhäutchen sitzenden Vitamine werden beim Schälen überwiegend beseitigt. Man verwendet **Langkornreis (Patnareis)** für Suppen, Beilagen, Hauptgerichte und Salate. **Rundkornreis (Milchreis)** ist besser geeignet für süße Reisspeisen, Desserts usw.

Menschen, die sich bewußt ernähren, stellen sich zunehmend auf **Vollwert- oder Naturreis** um, der sowohl den Reiskeimling als auch das Silberhäutchen noch besitzt, wodurch er mehr Vitamine und vor allem Ballaststoffe enthält. Allerdings wird Naturreis leicht ranzig, so daß man keinen großen Vorrat davon im Haus halten sollte. Zwischen Langkornreis und Vollwertreis liegt der Parboiled Reis, bei dem die Vitamine durch ein Spezialverfahren im Kern konzentriert werden und beim Polieren nicht verlorengehen wie die Ballaststoffe.

Die Zubereitung eines guten körnigen Reises ist im Schnellkochtopf ausgesprochen einfach. Je nach Menge des Wasserzusatzes kann man absolut sicher regulieren, ob man körnigen oder suppigen Reis erhält. Nimmt man bei Wasserreis das Verhältnis 1:1, so wird der Reis ausgesprochen körnig, bei 1:2 ziemlich suppig. Das Verhältnis kann dazwischen nach Wunsch variiert werden.

Da beim Schälen auch wichtige Mineralsalze verlorengehen, muß Reis beim Garen entweder sofort gesalzen oder mit Würzstoffen wie Curry zusammen gegart werden. Für Diätzwecke gibt es vielerlei Möglichkeiten der Verwendung zusammen mit Kräutern.
Reismengen je Person: Für Suppen 30 g, Desserts 50 g, Salate und Beilagen 60 g, Vorgerichte 70 g, Hauptgerichte bis 100 g.
Die angegebenen Garzeiten beziehen sich auf nicht vorgegarten Reis, für den sich der Schnellkochtopf sowieso erübrigt.

Einfacher Reis

Grundrezept

250 g Langkornreis · 1/4 l + 1/4 l Wasser

Butter nach Belieben

Auf den Topfboden 1/4 l Wasser gießen. Darüber den gelochten Einsatz mit 1/4 l Wasser und dem Reis stellen. Nach Belieben mit Curry oder Safran und Salz würzen. Vor dem Garen durchrühren. Einige aufgesetzte Butterflöckchen verfeinern den Reis.
Den Topf schließen, kurz dampfen lassen, auf »Kochen« bzw. die zweite Garstufe schalten. Nach dem Garen mit einer Gabel aufrühren und ausdünsten lassen.

Weitere Möglichkeiten:
Dem mit Salz gewürzten Reis gibt man eine kleine, mit einigen Nelken gespickte Zwiebel bei, die nach dem Garen entfernt wird.
Oder: Anstelle der vorgeschriebenen Wassermenge nimmt man entweder Tomatensaft aus der Büchse oder mit Wasser verrührtes Tomatenmark. Mit dem roten Reis kann man gut dekorieren.
Oder: Wenn man die Farbe mit Schärfe verbinden will, verdünnt man Sangrita oder – dann stärker verdünnt – Sangrita Pikante mit Wasser und setzt den Reis damit an.

Garzeit: 6–8 Minuten

Naturreis

Grundrezept

1½ Tassen Wasser · Salz · 1 Tasse Naturreis

nach Belieben Instant-Gemüsebrühe oder Hefebrühe (Reformhaus)

¼ l Wasser auf den Topfboden gießen, darüber den gelochten Einsatz mit dem Reis und 1½ Tassen Wasser stellen, das Salz hinzufügen. Wahlweise statt des Salzwassers Gemüse- oder Hefebrühe angießen. Den Topf schließen, kurz dampfen lassen, auf »Kochen« bzw. die 2. Garstufe schalten und garen.
Im übrigen kann man Vollwertreis genauso abwandeln wie Patna- oder Langkornreis.

Garzeit: 12–15 Minuten

Risotto

Risotto kann Vorspeise oder Hauptspeise sein. Bei Risotto muß der Reis vor dem Zusatz von Flüssigkeit bei milder Hitze in heißem Fett oder Öl so lange gedünstet werden, bis er glasig ist.

250 g Reis · ½ Zwiebel · 50 g Butter

Butterschmalz oder Öl · Salz · ⅜ l Wasser oder Brühe

Auf dem Topfboden läßt man bei milder Wärme das Fett heiß werden, dünstet die feingeschnittene Zwiebel kurz an und gibt den Reis bei, den man bei unvermindert mäßiger Wärme gut glasig werden läßt. Nun gibt man die Flüssigkeit bei, rührt gut auf, salzt und schließt den Topf. Nach dem Garen aufrühren und ausdampfen lassen.

Weitere Möglichkeiten: Man gibt vor dem Garen vorgegarte Geflügelstückchen dazu, schmeckt mit Muskat ab und garniert mit gehackter Petersilie.
Oder: man gibt über den gegarten, heißen Reis geriebenen Käse, muß dann aber sofort servieren, damit der Reis nicht kalt wird.
Oder: man gibt frische oder getrocknete Pilze zum Reis, die mitgegart werden.
Oder: man hebt kleingeschnittenen Hartkäse und Schinken unter den heißen Reis und richtet an mit Tomatensauce und geriebenem Parmesankäse.
Oder: man mischt feingeschnittene Bratenreste unter den heißen Reis und serviert mit einer kräftigen Bratensauce.
Oder: man verwendet anstelle von Butter usw. feingeschnittenen Räucherspeck und etwas Schweineschmalz, in dem man den Reis dünstet. Während des Garens legt man dünngeschnittenes Kasseler auf den Reis.

Garzeit: 7–10 Minuten

Risi-Pisi

300 g Reis · 500 g junge grüne Erbsen (frisch oder tiefgefroren)

1 Zwiebel · 100 g geräucherter Bauchspeck

1 l Brühe · Salz

Den gewürfelten Speck auf dem Topfboden bei mittlerer Hitze anbraten, die feingeschnittene Zwiebel mitdünsten, den Reis im Fett wenden, bis alle Reiskörner glänzen, die Brühe angießen und die Erbsen beigeben. Topf sofort schließen, Ventil einsetzen und garen.
Je nach Verwendungszweck kann man über den auf einer heißen Platte angerichteten Reis heiße Butter geben und geriebenen Parmesankäse mit servieren.

Garzeit: 7–8 Minuten

Tomatenreis

300 g Reis · 4 Tomaten · 50 g Emmentaler

20 g Butter · ¼ l + ¼ l Wasser · ⅛ l herber Weißwein

¼ l Wasser auf den Topfboden gießen. Darüber im geschlossenen Einsatz den Reis mit ¼ l Wasser, dem Wein und etwas Salz aufrühren. Die geschälten, in Achtel geschnittenen Tomaten und den feingeschnittenen Käse darauf verteilen. Die Butter in Flöckchen aufsetzen. Den Topf schließen, auf »Kochen« schalten und garen.

Garzeit: 8–10 Minuten

Maiskolben

Nicht jede Maissorte und nicht jeder Maiskolben, den Sie bei einer Wanderung erbeuten, eignet sich. Frische Kolben dürfen keine welken Außenblätter haben. Die Seidenfäden sollen dunkelbraun und die Kornreihen oben noch zart und milchig sein.

Vorbereitung: Blätter und die seidigen Samenfäden gründlich entfernen und die Kolben kurz waschen.

Passende Gewürze: Pfeffer, Cayennepfeffer, Piment, Paprikapulver, Chilipulver, Petersilie.

8 frische junge Kolben · ¼ l Wasser · Streuwürze

Wasser auf den Topfboden geben, die vorbereiteten Maiskolben in den gelochten Einsatz schichten und mit Streuwürze bestäuben. Topf schließen.

Gut abgetropft auf heißer Platte servieren. Sie werden mit zerlassener Butter rundum begossen. Man spießt sie auf Maisspieße oder ganz einfach auf Gabeln und knabbert die süßen Körner ab.

Garzeit: 8–10 Minuten

Polenta (Maisbrei)

250 g Maisgrieß · 1 EL Schweineschmalz

1 l Wasser · Salz

Das Fett auf dem Topfboden bei mittlerer Hitze zergehen lassen, Wasser mit Salz nachfüllen und zum Kochen bringen. Den Mais langsam unterrühren und den Topf sofort schließen.

Der fertige Brei kann mit in Butter geröstetem Paniermehl übergossen werden.

Oder man übergießt ihn mit gebräunten Speckwürfeln.

Oder man streicht ihn auf ein Backblech und überbäckt ihn.

Oder man streut geriebenen Käse darüber und übergießt mit heißer Butter.

Oder man brät die etwas abgetrockneten Stücke in der Pfanne in heißem Fett.

Garzeit: 5 Minuten

TEIGWAREN

Das Angebot an fertigen Teigwaren ist fast unübersehbar. Sie unterscheiden sich sowohl in der Zusammensetzung als auch in der Dicke sehr stark. Man kann daher keine allgemein geltenden Garzeiten für den Schnellkochtopf angeben. Den im allgemeinen kurzen Garzeiten gegenüber hat der Schnellkochtopf sowieso wenig Vorteile. Im offenen Topf können sie besser überwacht werden.

Nur wenn immer die gleiche Teigwarensorte verwendet wird, kann man rasch die richtige Garzeit feststellen. Man muß dabei beachten, Nudeln immer vorsichtig in kochendes Wasser zu geben. Werden sie im Einsatz gemacht, so müssen sie mindestens mit kochendem Wasser übergossen werden. Teigwaren erfordern stets die Verwendung von reichlich Salzwasser. Die Garzeiten können im Schnellkochtopf zwischen *0 und 5 Minuten* schwanken, wobei Garzeit 0 bedeutet, daß der Topf nach Erreichen des vorgeschriebenen Drucks vom Feuer genommen wird und man das Ventil selbst absinken läßt, ohne eine Schnellöffnungsmethode anzuwenden.

Als Faustregel gilt ⅓ der auf den Packungen angegebenen Garzeit.

Klöße und Knödel

Gut gelungene Klöße und Knödel sind der Stolz der Hausfrau. Man kann sie im Schnellkochtopf auf dreierlei Art machen.

1. Man kocht sie im Salzwasser im Schnellkochtopf ohne Druck, d. h. man setzt wohl den Deckel auf und setzt entweder – bei Gewichtsventilen – kein Ventil ein, oder setzt bei Federventilen zwar das Ventil ein, schraubt es aber nicht zu bzw. läßt den Abdampfregler offen. Dann werden die Klöße fast auf »die alte Art« gekocht, mit annähernd den üblichen Garzeiten, aber in einer besonders intensiven Dampfatmosphäre.
2. Man gart sie auch im Salzwasser, aber unter Druck.
3. Man gart sie über Salzwasser im ungelochten Einsatz. Bei den Methoden 2 und 3 sollte man eine Schnellöffnungsmethode anwenden, aber nicht abdampfen!

Semmelknödel

8 Semmeln oder 400 g Weißbrot, altbacken

3/8 l Milch · 1–2 Eier · 1 Zwiebel · Petersilie

1 EL Mehl · Zitronenschale · Salz · Salzwasser nach Bedarf

Das altbackene, sehr fein geschnittene Brot mit der kochenden Milch übergießen und zugedeckt stehenlassen. Zwiebel und Petersilie fein hacken und in etwas Fett andünsten. Eier, Mehl, feingeraspelte Zitronenschale und Salz beimengen und das Gemisch

unter das Brot mengen. Aus der locker gemischten Masse mit feuchten Händen Knödel formen und entweder in das kochende Salzwasser oder über kochendes Salzwasser in den gelochten Einsatz geben. Topf schließen, auf »Kochen« schalten. Nach der Garzeit mit Schnellöffnungsmethode öffnen, aber nicht abdampfen! Werden die Knödel nicht unter Druck gegart, so muß fast die dreifache Garzeit gerechnet werden.
Knödel nach Belieben mit in Butter gebräuntem Semmelmehl auf sehr heißer Platte übergießen.

Garzeit: 6–7 Minuten

Königsberger Klopse

500 g Hackfleisch (halb Rind, halb Schwein)
1 altbackene Semmel · ½ Tasse Milch · 2 Eier · Salz
1 Zwiebel · 2 EL geriebener Käse · Pfeffer · Kapern
Zitronenschale · Salzwasser nach Bedarf

Die Semmel fein schneiden und in heißer Milch einweichen. Die feingehackte Zwiebel mit dem Hackfleisch, den Gewürzen, dem Käse, der feingeriebenen Zitronenschale und dem Brot mit feuchten Händen zu Klößen formen und im übrigen wie Semmelbrösel fertiggaren.

Garzeit: 6–7 Minuten

Hefeknödel

300 g Mehl · 1 Ei · etwas lauwarme Milch
Salz · 10 g aufgelöste Hefe
10 g Butter oder Butterschmalz · ¼ l Wasser

Aus Mehl, Ei, Milch, Hefe und Salz einen nicht zu festen Hefeteig bereiten und auf einem bemehlten Brett den zu kleinen Klößen geformten Teig gehen lassen. Den ungelochten Einsatz mit Butter oder Butterschmalz gut fetten und die Knödel einsetzen. Über dem Wasser garen. Die fertigen Klöße aus dem Einsatz stürzen und mit brauner Butter und gebräunten Zwiebeln übergießen. Will man süße Hefeknödel, so gibt man dem Teig 30 g Zucker bei. Hefeknödel können auch gefüllt werden. Salzige Knödel z. B. mit Braten- oder Schinkenresten, die auch mit Zwiebeln und Petersilie angedünstet sein können. Süße Knödel werden mit süßem Quark, Früchten oder Marmelade gefüllt und dann wie oben angegeben fertiggegart.

Garzeit: 5 Minuten

Tiroler Speckknödel

werden zubereitet wie Semmelknödel, jedoch dünstet man die Zwiebeln in Speckwürfeln an, die mit der Masse verarbeitet werden.

Kartoffelklöße, roh

$2\frac{1}{2}$ kg rohe Kartoffeln · 60 g Grieß · $\frac{3}{4}$ l Milch
Salz · 50 g Butter · 1 Semmel
2 gehäufte TL Stärkemehl · 4 l Wasser

Die geschälten Kartoffeln fein reiben und ausdrücken. Eine gute Hilfe ist die Küchenmaschine oder die Saftzentrifuge. Bei letzterer muß schnell gearbeitet werden, damit die Kartoffeln nicht zu sehr entsaftet werden. Aus Grieß und Milch einen Grießbrei herstellen. Die geriebenen Kartoffeln mit dem im Saft abgesetzten Kartoffelmehl und dem Grießbrei gut vermengen und mit feuchten Händen Klöße formen, die man mit in Butter angerösteten Semmelwürfeln füllt. Wasser im Topf zum Kochen bringen, den übrigen Kartoffelsaft, Salz und das Stärkemehl unterrühren und die Klöße ins kochende Wasser legen. Den Topf schließen, garen.

Garzeit: 6–8 Minuten

Eintöpfe

Viele Nationalgerichte sind Eintöpfe. Ihre Grundrezepte entstanden in den Urzeiten des Kochens, als man das, was die jeweilige Landschaft an Nahrungsmitteln bot, einfach in einem Topf zusammen kochte. Eintöpfe sind noch heute ein Spiegelbild der einzelnen Landschaften, so die spanische Paella, der französische Pot-au-feu, das Irish-Stew, ungarisches Gulasch usw. Eintöpfe haben – unverdient – während der Kriege in einzelnen Landschaften einen schlechten Ruf bekommen. Sie gelten zum Teil auch als schwer. Wenn man natürlich – meist unnötig – viel Fett verwendet, müssen sie schwer werden, aber gerade im Schnellkochtopf können Eintöpfe, die sonst oft einen halben Tag vor sich hin kochen sollen, in kurzer Zeit bekömmlicher und besser hergestellt werden.

Eintopfrezepte sind nicht nur von Landschaft zu Landschaft, sondern auch von Stadt zu Stadt, man könnte sogar sagen von Haus zu Haus verschieden, denn gerade hier kann sich die Fantasie austoben. Jede Köchin hat ihr eigenes Spezialrezept. Dazu kommt, daß Eintöpfe wie kein anderes Gericht in der Lage sind, Reste nebenbei zu verwerten.

Vorbereitung: Bei Eintöpfen kommen immer wieder Lebensmittel mit stark verschiedenen Garzeiten zusammen in einen Topf. Die zum Teil sehr unterschiedlichen Garzeiten müssen daher mindestens annähernd dadurch einander angeglichen werden, daß man Zutaten mit langer Garzeit dünner schneidet und Dinge, die rasch garen, kaum oder gar nicht zerkleinert. Beim Schneiden beachten Sie bitte, daß »stark zerkleinern« nicht unbedingt heißen muß, daß alles in kleinste Schnipsel geschnitten wird. Wesentlich ist,

daß, wenn man es will, große Streifen geschnitten werden können, nur müssen sie eben dünn sein.
Beim Zusammenkochen von Fleisch muß man beachten, daß die Garzeit bei Rind am längsten, bei Schwein mittel und bei Kalb, Lamm, Geflügel am kürzesten ist. Folglich muß Rind dünner als Schwein und dieses wieder dünner als Kalb oder Lamm geschnitten werden. Da die meisten Eintöpfe bei dem stundenlangen Köcheln einen zwar nicht breiigen, aber doch recht weichen Zustand annehmen, kann man beim Eintopfkochen im Schnellkochtopf auch ruhig etwas übergaren. Dadurch kommen die kräftigen Aromen beim Eintopf besonders zur Wirkung, da sie ja nicht mit dem Dampf verschwinden können, sondern sozusagen zusammengeballt erhalten bleiben.
Beim Eintopf ist es besonders wichtig, nicht nur das richtige Maß an Salz, sondern auch das richtige Maß an Gewürz zu finden, das den Eigengeschmack der Bestandteile nicht unterdrückt und übertönt, sondern unterstreicht und hervorhebt.

Quer durch den Garten

Grundrezept

Eine besonders wohlschmeckende Verbindung ergibt Rindfleisch zusammengekocht mit den jeweils auf dem Markt befindlichen Gemüsen.

500–750 g Rindfleisch · 30 g Fett
750–1000 g Gemüse, möglichst vielerlei · 2 Zwiebeln
500 g Kartoffeln · ½–¾ l Brühe · Salz
Pfeffer · Paprika · Petersilie

Das in schmale Streifen geschnittene Fleisch wird im Fett auf dem Topfboden angedünstet. Die grobgeschnittenen Zwiebeln dünstet man mit. Dann wird mehr oder weniger Brühe angegossen, je nachdem, wie man den Eintopf wünscht, und gibt nun die vorbereiteten, geschnittenen Gemüse gemischt dazu. Obenauf legt man die Kartoffelscheiben. Nun wird der Topfrand saubergewischt, der Topf geschlossen und nach Erscheinen von Dampf der Regler auf »Kochen« gestellt. Erst nach dem Garen leicht salzen und mit Gewürzen abschmecken. In einer heißen Schüssel servieren und mit Petersilie bestreuen.

Garzeit: 4 Minuten

Pot-au-feu

500 g Rindfleisch · 250 g Suppenhuhn

einige Markknochen · 1 kg Kartoffeln · 2 Petersilienwurzeln

1 Bündel Petersilie · 2 Stangen Lauch · 3 Zwiebeln

2 Möhren · 250 g Weißkohl oder Wirsing · ¼ Sellerieknolle

1 Knoblauchzehe · Pfeffer · Muskat

Salz · 1 l Wasser

Man bringt das leicht gesalzene Wasser mit den Markknochen auf dem Topfboden zum Sieden, gibt das Rindfleisch, das Huhn und die Petersilie hinein und gart 20 Minuten vor. Nach Abkühlung wird der Topf geöffnet. Inzwischen hat man die Kartoffeln geschält und in Scheiben geschnitten, Sellerie, Lauch und Möhren zerkleinert, den Kohl in Blätter geteilt. Nun gibt man die Gemüse mit den Petersilienwurzeln und der Knoblauchzehe in den Topf, legt die Kartoffelscheiben obenauf und gart weitere 10 Minuten. Nach dem Öffnen wird gewürzt, das Fleisch kleingeschnitten und auf das in einer heißen Schüssel servierte Gemüse gelegt. Frisches oder getoastetes Weißbrot paßt gut dazu.

Der Pot-au-feu kann durch Verwendung verschiedener Fleischsorten geschmacklich immer wieder verändert werden. Auch die beigegebenen Gemüse können variieren, jedoch gehört Kohl in jedem Fall dazu.

Garzeit: 20 + 10 Minuten

Pichelsteiner

Grundrezept

Je 200 g Rind-, Schweine-, Kalb- oder Hammelfleisch
50 g Fett · 2 Zwiebeln · 250 g Möhren · 250 g Weißkohl
100 g Sellerie · 2 Stangen Lauch · 750 g Kartoffeln · Salz
Pfeffer · Kümmel · Petersilie · ¾ l Brühe

Das Fleisch in mundgerechte, dünne Scheiben, die Zwiebeln fein, das Gemüse etwas gröber schneiden. Beim Kohl die zu dicken Rippen flach schneiden, die Kartoffeln schälen und in Schnitze teilen. Auf dem Topfboden im Fett das Fleisch und die Zwiebeln andünsten. Mit der Brühe aufgießen. Sie soll das Fleisch gerade bedecken. Die mit Kümmel gemischten Gemüse zugeben und die Kartoffeln obenauf legen. Topf schließen und garen. Nach dem Garen mit Pfeffer und Salz abschmecken, frische gehackte Petersilie und sonstige frische Kräuter nach Belieben untermischen und in heißer Schüssel servieren.
Auch Pichelsteiner gehört zu den Eintöpfen, die je nach Gewohnheit und den gerade vorrätigen Gemüsen immer wieder anders gestaltet werden können. Man sollte aber bei Gemüseeintöpfen beim Würzen mit Gefühl und Maß vorgehen, um die besonderen Eigenaromen der Gemüse nicht zu übertönen.

Garzeit: 5 Minuten

Puchero, argentinisch

500 g durchwachsenes Rindfleisch
200 g Bauchspeck · 150 g gut vorgeweichte weiße Bohnen
1 Zwiebel · 4 Möhren · 1 Knoblauchzehe
1 kleiner Kopf Weißkohl oder Wirsing · 500 g Kartoffeln
100 g Reis · 1 Bouillonwürfel · Petersilie
Paprika · Salz · 2 l Wasser

Den Bauchspeck würfeln und auf dem Topfboden mit der grob gewürfelten Zwiebel knapp andünsten. Das Wasser mit den gut vorgeweichten weißen Bohnen zugeben, das Fleisch darauflegen, den Topf schließen und 20 Minuten vorgaren. Inzwischen Möhren, Kohl und Knoblauch fein schneiden, Kartoffeln schälen und in mittelfeine Scheiben schneiden. Nach der ersten Garzeit Topf abgekühlt öffnen, Fleisch herausnehmen, Bouillonwürfel unterrühren, sämtliche Gemüse und Knoblauch nebst Reis beigeben. Obenauf die Kartoffelschnitze und das Fleisch legen. Nochmals 10 Minuten garen. Am Ende der Garzeit das Fleisch herausnehmen und in Scheiben schneiden. Den Gemüsetopf mit Salz und Paprika abschmecken und in eine heiße Schüssel füllen. Obenauf die Fleischstücke legen und mit feingeschnittener Petersilie bestreuen.

Garzeit: 20 + 10 Minuten

Borschtsch

Russischer Eintopf

500 g Ochsen- oder Schweine- oder Rauchfleisch
500 g Weißkohl · 4 Möhren · 3 rote Rüben
1 große Zwiebel · 1 Stück Sellerieknolle
250 g Kartoffeln oder 100 g Reis oder beides
Essig · Salz · Zucker · Petersilie · 1 l Wasser

Das Fleisch in Portionsscheiben schneiden, Weißkohl, Möhren, Zwiebel, Sellerie kleinschneiden, 2 der 3 roten Rüben schälen und ebenfalls in Streifen schneiden. Wenn gewünscht, Kartoffeln schälen und vierteln. Das Wasser auf dem Topfboden zum Kochen bringen und die Fleischscheiben hineingeben. Die Gemüse darauf, wenn gewünscht Reis in das Wasser, oder Kartoffeln auf die Gemüse geben, oder beides (in diesem Fall ¼ l Wasser mehr!). Topf schließen, garen. Inzwischen die geschälte dritte rote Rübe fein raspeln und mit Essig und etwas Wasser roten Saft erzeugen. Nach dem Garen die Fleischscheiben herausholen, die feingeraffelte rote Rübe unter die Gemüsemischung geben und das Ganze mit Salz und etwas Essig und Zucker süßsauer abschmecken.
In einer heißen Schüssel anrichten, Fleischscheiben obenauf legen und mit Petersilie überstreuen.
Wollen Sie den original russischen Geschmack bekommen, so geben Sie die geschälten, zerschnittenen roten Rüben schon einige Tage vorher in eine Porzellanschale, übergießen sie gerade bedeckt mit abgekochtem, erkaltetem Wasser und legen eine Scheibe Schwarzbrot darauf. Lassen Sie das Ganze luftdicht bedeckt in einem warmen Raum stehen. Der in ca. 8 Tagen gegorene Rübensaft ergibt erst das richtige Aroma. Die Rüben werden dann natürlich mitgegart. Das oben angegebene Rezept ist eines von vielen. Man kann statt der Gemüse Sauerkraut beigeben, statt des

Fleisches sehr scharfe geräucherte Wurst (nur sehr feste Würste platzen im Schnellkochtopf nicht!).
Auf den Tisch gehört bei Borschtsch stets ein Schüsselchen mit dicker saurer Sahne, aus dem sich jeder nach Belieben bedienen kann.

Garzeit: 12 Minuten

Wiener Krenfleisch

500 g durchwachsenes Schweinefleisch

2 Zwiebeln · 3 Möhren · 1 Stück Sellerie

einige Petersilienwurzeln · 4 Kartoffeln · gekörnte Brühe

Salz · Essig · 2 Pfefferkörner · ca. 1 l Wasser

geriebener Meerrettich

Die Brühe auf dem Topfboden zum Sieden bringen. Fleisch zufügen, ebenso die feingeschnittenen Gemüse und die Pfefferkörner. Die Kartoffeln je nach Größe nicht oder nur grob schneiden und beigeben. Garen. Das fertige Gericht in einer warmen Schüssel anrichten und dick mit geriebenem Meerrettich bestreuen.

Garzeit: 20 Minuten

Rauchfleisch mit Sauerkraut

4 mittlere Scheiben Rauchfleisch · 3 Zwiebeln

1 kg Sauerkraut · 500 g Kartoffeln · 75 g Schweineschmalz

1 Glas herber Weißwein · ½ l Wasser

Auf dem Topfboden bei mittlerer Wärme die Zwiebeln im Fett leicht andünsten. Wasser zugießen und das Sauerkraut locker einstreuen. Darüber den Weißwein gießen und das Rauchfleisch auf das Kraut legen. Darauf die in mittlere Scheiben geschnittenen Kartoffeln geben. Topf schließen und garen. Einige dem Kraut zugefügte Wacholderbeeren können dem Gericht einen aparten Geschmack geben.

Garzeit: 10 Minuten

Hessischer Erbseneintopf

200 g durchwachsener Speck · 300 g geschälte Erbsen

500 g Sauerkraut · 4 schmale Scheiben Kasseler · 2 Zwiebeln

50 g Fett · 2 Kartoffeln · ¾ l Wasser · Salz

Pfeffer · Muskat · Streuwürze

Die Erbsen in ¾ l Wasser einige Stunden vorweichen. Den Speck gewürfelt auf dem Topfboden bei mittlerer Hitze andünsten, die eingeweichten Erbsen mit dem ganzen Einweichwasser zugeben. Das Sauerkraut lose darüberstreuen. Darauf die feingeriebenen Kartoffeln geben und obenauf die Kasselerscheiben legen. Topf schließen, nach kurzem Dampfen auf »Kochen« schalten. Inzwischen die Zwiebeln in Ringe schneiden und im Fett bräunen. Nach der Garzeit das Kasseler herausnehmen. Den Eintopf mit den Gewürzen abschmecken, in einer heißen Schale anrichten, Zwiebelringe darübergießen, das Fleisch obenauf legen.

Garzeit: 12 Minuten

Schweinegulasch mit Reis

750 g Schweinefleisch · 300 g Reis

50 g Schweineschmalz (oder Öl) · 4 große Zwiebeln

3 Paprikaschoten · 3 Tomaten

Rosenpaprika und Pfeffer oder Gulaschgewürz

Salz · 1 l Wasser

Schweinefleisch in mundgerechte Bissen schneiden, mit dem Fett auf dem Topfboden bei mittlerer Hitze andünsten (nicht bräunen!), die in grobe Würfel geschnittenen Zwiebeln kurz mitdünsten. Das Wasser angießen und den Reis einrühren. Darüber die vorgerichteten, in Streifen geschnittenen Paprikaschoten und die in Stücke geschnittenen Tomaten geben. Mit den Gewürzen bestreuen, den Topf schließen und garen. Nach der Garzeit nochmals abschmecken und in einer heißen Schüssel servieren.

Garzeit: 12 Minuten

Krautgulasch

500 g Schweinefleisch · 500 g Sauerkraut
500 g Kartoffeln · 250 g Tomaten · 3 Zwiebeln
1 EL edelsüßer Paprika · 1 TL gemahlener Kümmel
50 g Fett oder Öl · ½ l Bouillon

Schweinefleisch und Zwiebeln in kleine Würfel schneiden und auf dem Topfboden im Fett andünsten. Mit der Bouillon aufgießen, Sauerkraut locker einschichten, Paprika darüberstäuben und die geschälten, in mittlere Scheiben geschnittenen Kartoffeln obenauf legen. Den Topf schließen und garen. Inzwischen die Tomaten in kleine Stücke schneiden. Nach dem Öffnen mit dem Kümmel abschmecken und die Tomaten unter das Gulasch ziehen. In einer heißen Schüssel anrichten.

Garzeit: 12 Minuten

Kalbfleisch mit Pflaumen

750 g Kalbfleisch · 250 g getrocknete kernlose Pflaumen
3 Zwiebeln · Piment · Schale von 1 ungespritzten Zitrone
50 g Butterschmalz · ¼ l Wasser · ¼ l herber Weißwein

Das in schmale, mundgerechte Streifen geschnittene Fleisch und die gewürfelten Zwiebeln werden auf dem Topfboden bei mittlerer Hitze mäßig braun angedünstet. Das Wasser angießen, die mit wenig Wasser etwas vorgeweichten Pflaumen mit dem Einweichwasser darübergeben und den Wein zufügen. Mit Piment und der Zitronenschale würzen, den Topf schließen und garen. Nach

dem Öffnen abschmecken, die Zitronenschale entfernen und das Gericht in einer heißen Schüssel anrichten.
Dazu gibt es gesondert gekochte Teigwaren.

Garzeit: 10 Minuten

Reisfleisch, pikant

750 g Kalbfleisch · 100 g Speck · 250 g Reis

1 Tasse feingeschnittene Gemüse · 1 Zwiebel

1/8 l saurer Rahm · 1/2 l Rinds- oder Geflügelbrühe

Paprika · Angostura

Das in schmale, mundgerechte Streifen geschnittene Fleisch mit der gewürfelten Zwiebel im Fett auf dem Topfboden bei mittlerer Hitze leicht anbräunen. Angießen und Reis zufügen. Aufrühren und nun das Gemüse, den Rahm und Paprika darübergeben. Topf schließen und garen. Soll das Gericht nach dem Garen angedickt werden, so läßt man es mit etwas kaltgerührtem Stärkemehl kurz aufkochen. Mit Salz und Angostura abschmecken und in heißer Schüssel servieren. Viel kleingeschnittene Petersilie darüberstreuen.

Garzeit: 10 Minuten

Irish-Stew

750 g mageres Hammelfleisch · 500 g Kartoffeln
500 g Weiß- oder Wirsingkohl · 1 Zwiebel · ½ l Bouillon
weißer Pfeffer · Piment · Angostura · Salz · Petersilie

Hammelfleisch in dünne Scheiben schneiden, Kartoffeln schälen und grob würfeln, Kohl blättrig schneiden, Zwiebel sehr fein hacken. Die Bouillon im Topf zum Sieden bringen und nun immer abwechselnd Fleisch, Kohl, Kartoffeln in die Brühe schichten, die man vorübergehend vom Feuer genommen hat. Auf die unterste Schicht die Zwiebeln streuen; die letzte Schicht bilden oben Kartoffeln. Mit etwas Pfeffer und Piment würzen. Topf schließen und garen. Nach der Garzeit vollends mit Salz und den Gewürzen abschmecken und in einer heißen Terrine mit viel feingeschnittener Petersilie überstreut servieren. Angostura zum Nachwürzen auf den Tisch stellen. Irish-Stew mit Hammel muß heiß gegessen werden, da Hammelfleisch sonst nicht schmeckt.
Wer Hammel nicht mag, kocht mit Rindfleisch. Außer Kohl kann man auch Möhren, Lauch und/oder Sellerie beigeben. Man kann mit Kümmel, Lorbeer, Muskat oder Curry würzen und auch sehr viel mehr Zwiebeln beigeben. Es schmeckt immer wieder anders und immer wieder gut.

Garzeit: 12 Minuten

Hammel mit grünen Bohnen

500 g mageres Hammelfleisch · 500 g grüne Bohnen
500 g Kartoffeln · 3 Zwiebeln · 3/4 l Brühe · Bohnenkraut
Salz · Pfeffer · Petersilie

Fleisch in dünne Scheiben schneiden, Bohnen je nach Art und Größe vorbereiten und brechen, Kartoffeln schälen und in grobe Schnitze schneiden. Brühe auf dem Topfboden zum Kochen bringen, vom Feuer nehmen und immer abwechselnd Fleisch, Bohnen, Kartoffeln einschichten. Mit Pfeffer, Bohnenkraut und Salz würzen. Den Topf wieder aufs Feuer stellen, schließen und garen. Sehr heiß mit viel Petersilie bestreut anrichten.

Garzeit: 12 Minuten

Hammel mit Reis

500 g mageres Hammelfleisch
2 Zwiebeln · 50 g Fett oder Öl · 250 g Reis · 1/2 l Brühe
Curry · 40 g Butter

Den Hammel in schmale Streifen schneiden, die feingeschnittenen Zwiebeln im Fett auf dem Topfboden bei mittlerer Hitze andünsten, das Fleisch beigeben und leicht bräunen. Ebenso den Reis mitdünsten und nun mit der Brühe aufgießen, mit reichlich Curry würzen, kräftig durchrühren, Topf schließen und garen. Das fertige Gericht abschmecken, eventuell mit Tabasco oder Sangrita schärfen und beim Anrichten auf einer heißen Platte mit flüssiger Butter übergießen.

Garzeit: 12 Minuten

Kartoffelgemüse mit Lauch und Speck

400 g durchwachsener Bauchspeck

750 g Kartoffeln · 3 dicke Stangen Lauch

Pfeffer · Salz · ½ l Brühe

Lauch waschen und in feine Streifen schneiden, Kartoffeln, in mittlere Rädchen schneiden, den Speck in feine Scheiben oder Würfel zerteilt auf dem Topfboden gut braun werden lassen. Den Lauch zufügen und kurz mitdünsten. Mit der Brühe aufgießen, leicht pfeffern, Kartoffeln obenauf legen, Topf schließen und garen. Nach der Garzeit vollends abschmecken und mit frischen, feingehackten Kräutern bestreut in einer heißen Schüssel servieren.

Garzeit: 6 Minuten

Vegetarischer Gemüseeintopf

1,5 kg gemischte Gemüse nach Jahreszeit

500 g Kartoffeln · 50 g Butterschmalz oder Öl · 2 Zwiebeln

Petersilie · Schnittlauch · ½ l Wasser

Gemüse vorbereiten, je fester, desto kleiner schneiden. Kartoffeln schälen und in kleine Stücke schneiden, Zwiebeln grob würfeln. Bei mittlerer Hitze die Zwiebeln auf dem Topfboden mäßig braun werden lassen. Das Wasser angießen und das gemischte Gemüse beigeben, obenauf die Kartoffeln. Topf schließen und garen.
Nach dem Öffnen abschmecken. Je nach Würzkraft der verwendeten Gemüse braucht dieser Eintopf wenig oder keine Würze,

höchstens eine Prise Salz. Man richtet in einer heißen Schüssel an und gibt reichlich kleingeschnittene Petersilie und Schnittlauch oder nach Belieben andere feingeschnittene frische Kräuter darüber.

Garzeit: 4 Minuten

Westfälisches Buntes Huhn

500 g durchwachsener Bauchspeck
250 g weiße Bohnen · 250 g grüne Bohnen
250 g Möhren · 250 g kleine feste Kochbirnen
250 g Kochäpfel · 500 g Kartoffeln · 1 l Wasser
Pfeffer · Zucker · Salz · Petersilie

Den Speck in mundgerechte Stücke schneiden. Die weißen Bohnen müssen mindestens 4 Stunden in 1 l Wasser vorgeweicht sein. Die grünen Bohnen werden je nach Größe gerichtet, die Möhren mittelfein gewürfelt, die Kochbirnen entstielt, entkernt und geviertelt, ebenso die Äpfel. Die Kartoffeln schneidet man nach dem Schälen in mittlere Würfel. Der Speck wird auf dem Topfboden wenig gebräunt. Darüber gibt man die weißen Bohnen mit dem ganzen Einweichwasser, schließt den Topf und gart 12 Minuten vor. Nach dem Öffnen des Topfes werden schnell die Gemüse und das Obst eingefüllt und leicht mit Pfeffer gewürzt. Darüber kommen die Kartoffeln. Jetzt noch 6 Minuten fertiggaren. Topf öffnen, vollends abschmecken und in heißer Schüssel mit frischen gehackten Kräutern überstreut anrichten.

Garzeit: 12 + 6 Minuten

Fisoleneintopf (Grüne Bohnen mit Kartoffeln)

750 g Bohnen (große, voll ausgewachsene)
750 g Kartoffeln · 2 Zwiebeln · Bohnenkraut
Petersilie · Dill · Pfeffer · 50 g Fett oder Öl
½ l Brühe · saurer Rahm · Essig

Die Bohnen vorbereiten und diagonal stückeln. Die Kartoffeln schälen und bis auf 2 in mittlere Würfel schneiden. 2 Kartoffeln fein raffeln. Die grobgewürfelten Zwiebeln werden im heißen Fett bei mittlerer Hitze gut gebräunt. Dann wird mit der Brühe abgelöscht, die Bohnen sowie die feingeraffelten Kartoffeln beigegeben, mit etwas Pfeffer, Bohnenkraut, Petersilie und Dill und 3 EL Weinessig gewürzt. Obenauf kommen die gewürfelten Kartoffeln. Den Topf schließen und garen. Nach dem Öffnen abschmecken, saure Sahne unterziehen und nochmals kurz aufkochen. Nach Entfernen des Bohnenkrauts in heißer Schüssel anrichten und mit gehackter Petersilie überstreuen.

Garzeit: 7 Minuten

Polnischer Erbseneintopf

250 g getrocknete, geschälte, grüne Erbsen
2 Zwiebeln · 2 Stangen Lauch · 2 rote Rüben
etwas Sellerieknolle · 250 g scharfe geräucherte Wurst
70 g Schweineschmalz

Die Erbsen einige Stunden in ¾ l Wasser vorweichen, den Lauch in Streifen schneiden, die roten Rüben schälen und in schmale, lange Streifen teilen, die Sellerieknolle klein würfeln, die Zwiebeln in Ringe schneiden und die geräucherte Wurst nicht zu dünn aufschneiden. Auf dem Topfboden bei mittlerer Hitze nur soviel Fett zergehen lassen, daß der ganze Boden gefettet ist. Nun die Erbsen mit dem gesamten Einweichwasser beigeben, aufkochen und, wenn nötig, abschäumen. Jetzt Lauch, Rüben, Sellerie und Wurst zugeben, den Topf schließen und garen. Den fertigen Eintopf mit Salz abschmecken, in eine heiße Schüssel geben und mit den im heißen Fett gebräunten Zwiebelringen übergießen.

Garzeit: 9 Minuten

Frankfurter Linseneintopf

100 g Speck · 250 g Linsen · 3 Kartoffeln

100 g Suppengemüse · 1 Eigelb · 4 EL saure Sahne

Muskat · Pfeffer · Salz

Die Linsen mit ½ l Wasser kurz vorweichen. Die Kartoffeln schälen und mittelgroß würfeln, das Suppengemüse sehr klein schneiden. Den feingeschnittenen Speck auf dem Topfboden leicht andünsten, die Linsen mit dem gesamten Einweichwasser beigeben, ebenso die Kartoffeln und die Gemüse. Mit Muskat und Pfeffer etwas würzen, Topf schließen und garen. Nach der Garzeit mit dem Mixstab pürieren, dabei Eigelb und Sahne mit unterrühren. Vollends abschmecken und in heißer Schüssel, belegt mit heißen Würstchen, servieren.

Garzeit: 10 Minuten

Puddings und Süßspeisen

Der Schnellkochtopf hat auch hier viele Vorteile. Ohne viel Rühren, ohne Einbrenngefahr liefert er Köstlichkeiten, bei denen sich der Duft und die Würze der verschiedenen Zutaten besonders innig durchdringen.

Allgemein gilt: Man kann für Puddings entweder die ungelochten Einsätze der Töpfe oder die üblichen verschließbaren Puddingformen aus Metall verwenden (kein Kunststoff!). Die Formen müssen entweder in den gelochten Einsatz gestellt werden können oder mindestens auf ein mehrfach gefaltetes Tuch auf dem Topfboden. Glasformen vor allem dürfen nicht direkt auf dem Topfboden stehen. Die Formen oder Einsätze sollen 1–2 cm vom Boden von Wasser umspült werden.

Die Formen oder Einsätze werden mit einem passenden Fett, meist Butter oder Butterschmalz, ausgefettet. Je nach Rezept können sie mit Bröseln oder Streuseln, eventuell auch mit Schokoladestückchen oder geriebenen Nüssen ausgelegt werden. Bei Puddingformen fettet man am besten auch den Deckel leicht ein. Einsätze deckt man mit einseitig gefetteter Aluminiumfolie ab. Auf alle Fälle soll man bei Puddingformen keine Schnellöffnungsmethode anwenden und auch nach dem Öffnen des Topfes nicht sofort versuchen, die Form zu öffnen. Man läßt die Form einige Minuten stehen und öffnet dann vorsichtig, da sich in der Form ja ein Druckausgleich vollziehen muß.

Krautpudding

1 mittlerer Kopf Weißkraut

500 g Hackfleisch (halb Rind, halb Schwein) · 2 Eier

1 Semmel · etwas Milch · 2 Zwiebeln

reichlich feingehackte Petersilie · Kapern · Schweineschmalz

Brotbrösel · 25 g Butter · Wasser nach Bedarf

Den Krautkopf im gelochten Einsatz über $^1/_4$ l Wasser unter Druck 1 Minute anbrühen. Topf öffnen, je nach Größe die 6 bis 8 äußeren Kohlblätter ablösen. Rest vierteln, nochmals in den gelochten Einsatz geben und 4 Minuten weitergaren. Topf absitzen lassen. Inzwischen an den abgelösten Blättern die dicken Rippen flach schneiden. Das Hackfleisch mit der in Milch vorgeweichten, ausgedrückten Semmel, den feingeschnittenen Zwiebeln, den Eiern, Kapern und der Petersilie zu einem Teig kneten, mit Salz und Pfeffer abschmecken. Die inzwischen weitergegarten Krautreste aus dem Topf holen, dicke Rippen und Strunk entfernen und die Blätter auslösen. Die Puddingform oder den ungelochten Einsatz mit Schmalz dünn fetten und mit Semmelbröseln ausstreuen. Mit den zuerst ausgelösten großen Blättern Boden und Rand der Form auslegen und nun abwechselnd Fleischteig und Blätter schichtweise einlegen. Obenauf mit Butterstückchen belegte Krautblätter. Puddingform schließen oder Einsatz mit Alufolie abdecken. In den Topf geben, wie oben genau beschrieben. Topf schließen, garen. Nach der Garzeit unter keinen Umständen schnell öffnen, sondern absitzen lassen. Auch die geschlossene Puddingform noch einige Minuten abkühlen lassen und vorsichtig öffnen!
Dazu gibt es Salzkartoffeln und Tomatensauce.

Garzeit: 1 + 4 + 20 Minuten

Spinatpudding

750 g gekochter Spinat · 5 Semmeln · 3/8 l Milch
geriebene Zitronenschale · gehackte Petersilie · Salz · 4 Eier
Muskat · Wasser nach Bedarf · Butter oder Butterschmalz

Semmeln in Milch einweichen, ausdrücken, zerzupfen, mit dem gewiegten Spinat, der Petersilie und der Zitronenschale gut mischen und mit Salz abschmecken. Darunter die 4 Eigelb und Muskat ziehen, zuletzt die geschlagenen 4 Eiweiß unter den Teig heben. Puddingform einfetten, mit Semmelbröseln ausstreuen oder ungelochten Einsatz mit Alufolie auslegen und fetten. Spinatbrei bis zu 3/4 Höhe einfüllen. Weiter behandeln, wie unter »Allgemein« beschrieben. Dazu passen Salzkartoffeln mit Buttersauce oder Reis mit Parmesankäse.

Garzeit: 15 Minuten

Leberpudding

Je 400 g Rinds- und Kalbsleber
100 g frischer Speck · 4 Semmeln · 1/4 l Milch
3 Eier · Petersilie · Majoran · weißer Pfeffer · Salz
25 g Butter · Semmelbrösel · 2 Zwiebeln
Wasser nach Bedarf

Leber enthäuten, Sehnen ausschneiden, mit dem Speck und einer Zwiebel durch den Fleischwolf drehen. Die in Milch geweichten, ausgedrückten Semmeln zerzupfen, mit Eigelb und Gewürz verkneten und das Ganze mit der Leber gut vermischen. Zuletzt den steif geschlagenen Eischnee unterziehen und mit Salz abschmek-

ken. Puddingform oder den mit Alufolie ausgelegten ungelochten Einsatz mit Butter fetten und mit Semmelbröseln ausstreuen. Leberpudding einfüllen und wie auf Seite 163 beschrieben behandeln.
Auf eine heiße Platte stürzen und flüssige Butter mit gerösteten Zwiebelringen darübergießen.
Dazu passen Kartoffelpüree mit Kraut oder Salzkartoffeln mit Kapernsauce.

Nach den gleichen Rezepten lassen sich noch alle möglichen Puddings variieren, bei denen auch Reste prima verwendet werden können.

Garzeit: 15 Minuten

Brotpudding

400 g Brot (Semmeln oder Weißbrot oder Zwieback)
$\frac{3}{8}$ l Milch · 3 Eier · 50 g Zucker · 1 EL Zimt
je 50 g Rosinen und Korinthen · 25 g gehackte Mandeln
1 Gläschen Rum · 50 g Butter · reichlich Semmelbrösel
Wasser nach Bedarf

Das Brot wird zerkleinert, mit der heißen Milch übergossen und mindestens eine halbe Stunde stehen gelassen. Die Rosinen und Korinthen weicht man für einige Stunden in heißem Wasser ein, gießt dann das Wasser ab und läßt noch etwas mit dem Rum nachziehen. Das Brot wird mit den 3 Eigelb, dem Zucker, Zimt, den Rosinen und Korinthen mit dem Rum und den Mandeln gut vermischt und zuletzt der Eischnee untergezogen. Die Puddingform wird gebuttert und reichlich mit Semmelbröseln ausgestreut oder der mit Alufolie ausgelegte ungelochte Einsatz entsprechend vorbehandelt und nun die Brotmasse eingefüllt. Weitere Behandlung wie auf Seite 163 angegeben. Den Pudding auf eine heiße Platte stürzen und mit Kompott oder Rotweinsauce oder Vanille- oder Karamelsauce übergossen servieren.

Garzeit: 15 Minuten

Apfel-Zwieback-Pudding

12 Stück Zwieback · 2 Eier · 2 Äpfel · 50 g Rosinen
25 g Zucker · etwas Vanillezucker · ½ Zitronenschale, gerieben
2 EL Stärkemehl · ⅛ l Milch · 25 g Butter
Semmelbrösel oder Schokoladenstreusel · Wasser nach Bedarf

Die Äpfel entkernen und klein würfeln. Die Rosinen mit Wasser ca. ½ Stunde vorweichen, Wasser abgießen und die Rosinen zu den Äpfeln geben. Darüber die Schale einer halben Zitrone fein reiben. Das Ganze gut mischen. Milch, Eier, Zucker, Vanillezukker und Stärkemehl im Mixbecher kräftig durchschütteln. Puddingform oder den mit Alufolie ausgelegten ungelochten Einsatz mit Butter gut ausfetten und entweder mit Semmelbröseln oder Schokoladenstreuseln dick ausstreuen. Zwieback zerkleinern und in die Form immer abwechselnd eine Lage Zwieback und eine Lage Äpfel drücken. Zum Schluß über das Ganze den Inhalt des Mixbechers verteilen und einziehen lassen. Puddingform schließen oder Einsatz mit Alufolie überdecken, Garen wie auf Seite 163 beschrieben.
Auf heiße Platte stürzen und mit einer beliebigen süßen Sauce übergießen.

Garzeit: 10 Minuten

Milchreis

Eine beliebte, aber wegen der Anbrenngefahr gefürchtete Süßspeise. Auf eine Tasse Rundkornreis nimmt man immer 5½ Tassen Milch. Nur Vollmilch, keine Magermilch verwenden! Je Tasse Reis benötigt man 1–2 EL Zucker, 20 g Butter, eine Prise Salz. Je nach Geschmack können dazu kommen: Rosinen, Zimt, Zitronenschale, und beim Anrichten darüber zerlassene Butter.
Bei der sichersten Methode für nicht zu große Mengen macht man den Reis im ausgebutterten ungelochten Einsatz. Hat man zwei solche Einsätze, kann man für größere Mengen auch zwei übereinandersetzen.
Dann hat man unten im Topf ¼ l Wasser, darüber die ausgebutterten Einsätze, in denen man jeweils 1 Tasse Reis in 5½ Tassen Milch gibt. Zucker und die gewünschten Zutaten werden sofort beigegeben. Topf schließen und sofort auf »Kochen« schalten.

Garzeit: 20 Minuten

Will man Milchreis, eventuell in größeren Mengen, auf dem Topfboden garen, so muß man den Topfboden und die unteren Seitenränder mit warmer Butter gut vorfetten, bevor man die Milch und den Reis mit den Gewürzen beigibt. In diesem Fall den Zucker erst nachträglich unterrühren. Ankochen mit mittlerer Wärme. Topf sofort schließen. Keinesfalls schnell abdampfen! Am besten 15 Minuten garen, dann absitzen lassen.

Garzeit: 15–20 Minuten

Menükochen

Wie schon auf Seite 23 erklärt, benötigt man zum Menükochen größere Schnellkochtöpfe, mit denen man in mindestens zwei, noch besser in drei Etagen kochen kann. Das Menükochen ist vor allem dort eine große Hilfe, wo die Hausfrau wenig Zeit hat. Dementsprechend kommt für das Menükochen in erster Linie herzhafte Hausmannskost in Frage. Die übliche Topfausstattung: je 1 gelochter und 1 ungelochter Einsatz mit einem Einsatzträger sollte dort, wo viel Menü gekocht wird, ergänzt werden durch einen weiteren ungelochten Einsatz mit Füßchen, da man erst dann alle Möglichkeiten voll ausschöpfen kann. Der gelochte Einsatz ermöglicht zwar ein echtes Dämpfen von unten her, aber Gemüse und Fleisch, die darin gegart werden und immer mehr oder weniger Saft ausscheiden, geben im gelochten Einsatz den meist besonders wertvollen und aromatischen Saft nach unten ab, wo er nicht immer erwünscht ist, manchmal im Kochwasser verlorengeht.

Wenn man in ungelochte Einsätze wenig Wasser, etwa einen Eßlöffel voll gibt, so bekommt man auch hier rasch eine echte Dämpfwirkung.

Auch mit den heute immer beliebter werdenden kleinen Schnellkochtöpfen in der Größe um 3 Liter herum kann man für eine Einzelperson ohne weiteres Menü kochen. Der meist vorhandene einzige Einsatz, am besten ungelocht, kann leicht unterteilt werden. Man kann in ihn Tassen oder Schalen stellen oder die jetzt überall erhältlichen, mehrmals verwendbaren Schüsselchen aus Aluminiumfolie geben, oder z. B. ein zuerst auf dem Topfboden angebratenes Stück Fleisch so in Alufolie hüllen, daß der Dampf oben noch Zutritt hat. Man kann dann in die Tassen oder Schüsseln Reis, Kartoffeln, Gemüse füllen, muß aber, wenn nicht schon vorher eine Wasserbeigabe zum Rezept gehört, etwas Wasser mit in die Schüsselchen geben.

Beachten Sie unbedingt, was schon einmal gesagt wurde, daß die Garung in gelochten Einsätzen um 1–2 Minuten rascher geht als in ungelochten Einsätzen.

Die normale Reihenfolge beim Menükochen ist *von unten nach oben:* Fleisch auf dem Topfboden, meist geschmort, mit Sauce als Mittel zur Dampfbildung, darüber Beilagen, darüber Gemüse. Oder Wasser, Salzkartoffeln, Fisch, Suppe oder Nachtisch. Oder Wasser, gedämpftes Fleisch, Beilagen, Gemüse.

Die Speise mit der längsten Garzeit, in erster Linie Fleisch, gehört dann immer unten in den Topf, wenn man die Garzeiten nicht durch entsprechende Zerkleinerung ausgleichen kann oder will.

In den vorhergehenden Abschnitten wurden Fleisch, Gemüse, Beilagen in einzelnen Rezepten ausführlich behandelt. Wir wollen diese Rezepte beim Menükochen nicht nochmals wiederholen, sondern besonders geeignete Menüzusammenstellungen angeben. Bei den vorhergehenden Rezepten wurden Speisen, vor allem Gemüse und Beilagen, die zum Anliegen neigen, beim Kochen auf dem Topfboden stets mit Fett angedünstet, entweder mit Fett und Zwiebeln oder mit kleingeschnittenem Speck, um damit ein Anliegen auf dem Topfboden zu verhindern. Werden derartige Gemüse oder Beilagen beim Menükochen von Anfang an im Einsatz gegart, so erübrigt sich diese Maßnahme. Oft ist mit diesem Andünsten mit Zwiebeln oder Speck oder mit beidem eine erhebliche Geschmacksverbesserung verbunden. Kocht man im Einsatz, so kann man dies ausgleichen, indem man einfach einige Butterflöckchen über das Kochgut gibt, oder aber nach dem Garen mit in Fett gebräunten Zwiebeln oder gebratenen Speckwürfeln übergießt.

Als Muster eines Menükochrezepts mit eingehender Erläuterung

wurde auf Seite 43 bei den Kochbeispielen »Schweinebraten mit Salzkartoffeln und Möhren« erklärt.
Wenn bei den Garzeiten z.B. »20 + 10 oder 12 Minuten« angegeben ist, so heißt das: Entweder 20 Minuten vorgaren und 10 Minuten fertiggaren oder insgesamt 12 Minuten bei kleingeschnittenem Fleisch.

Bei den folgenden Menüzusammenstellungen bedeutet

TB	=	Topfboden, ET = Einsatzträger
1 EG	=	erster unterer Einsatz, gelocht
1 EU	=	erster unterer Einsatz, ungelocht
2 EG	=	zweiter oberer Einsatz, gelocht
2 EU	=	zweiter oberer Einsatz, ungelocht.

Rindfleisch, Salzkartoffeln, Wirsing
18 + 7 Minuten oder 10 Minuten
TB Rindfleisch, darüber ET
1 EG Salzkartoffeln
2 EU Wirsing

Lendenbraten, Salzkartoffeln oder Reis, Möhren
17 + 9 Minuten oder 11 Minuten
TB Lendenbraten, darüber ET
1 EG Salzkartoffeln oder 1 EU Reis
2 EU Möhren

Rindsbraten, Salzkartoffeln oder Reis, Schwarzwurzeln
22 + 8 Minuten
TB Rindsbraten, darüber ET
1 EG Salzkartoffeln oder 1 EU Reis
2 EU Schwarzwurzeln

Rindsrouladen, Salzkartoffeln, grüne Bohnen
14 + 6 Minuten
TB Rindsrouladen, darüber ET
1 EG Salzkartoffeln
2 EU grüne Bohnen

Kalbsbraten, Salzkartoffeln oder Reis, Blumenkohl
9 + 8 Minuten oder 9 Minuten
TB Kalbsbraten, darüber ET
1 EG Salzkartoffeln oder 1 EU Reis
2 EU Blumenkohl (ganzer Kopf)

Kalbsnierenbraten, Salzkartoffeln, Mischgemüse
15 + 7 Minuten
TB Kalbsnierenbraten, darüber ET
1 EG Salzkartoffeln
2 EU Möhren und grüne Erbsen

Kalbsragout mit Reis
4 + 8 Minuten
TB Kalbsragout, darüber ET
EU Reis

Kalbsrouladen, Reis, Schwarzwurzeln
3 + 8 Minuten
TB Kalbsrouladen, darüber ET
1 EU Reis
2 EU Schwarzwurzeln

Schweinebraten mit Salzkartoffeln oder Reis, Möhren
14 + 8 Minuten oder 12 Minuten
siehe Kochbeispiele Seite 45
TB Schweinebraten, darüber ET
1 EG Salzkartoffeln oder 1 EU Reis
2 EU Möhren

Kasseler Rippe, Sauerkraut, Salzkartoffeln, Erbsbrei
10 Minuten
TB Sauerkraut, darauf Kasseler Rippe, darüber ET
1 EG Salzkartoffeln
2 EU Erbsen, geschält, vorgeweicht

Hammelbraten, Salzkartoffeln, weiße Bohnen
18 + 7 Minuten
TB Hammelbraten, darüber ET
1 EU weiße Bohnen, nicht vorgeweicht, mit Braten vorgaren
2 EG Salzkartoffeln

Hühner-Frikassee mit Risi-Pisi
15 + 8 Minuten
TB Huhn vorgaren, entbeinen, auf dem TB nach Rezept Frikassee (Seite 80) vorbereiten, darüber ET
1 EU Risi-Pisi, nicht zu flüssig

Fischfilet, Salzkartoffeln, Apfel-Zwieback-Pudding
8 Minuten
TB ½ l Wasser
1 EG Salzkartoffeln
2 EU Fischfilets
3 EU oder gelocht, in Schale oder Alufolie Apfel-Zwieback-Pudding

Wenn man beim Menükochen mit einer Schnellöffnungsmethode den Topf öffnet, so kann es vorkommen, daß z.B. die Sauce des auf dem Topfboden zubereiteten Bratens in den darüber befindlichen Einsatz gezogen wird. Dann war unten zuviel Sauce und damit der Abstand der Flüssigkeit zum Einsatz darüber zu gering.

Diätkost

Die Fortschritte der Zivilisation und Technik haben uns mit manchmal recht zweifelhaften Errungenschaften »beglückt«. Fahrstuhl und Rolltreppe fördern unsere Bewegungsarmut, worunter nicht nur die Muskeln leiden, sondern auch der Kreislauf in den vom Herz am weitesten entfernten Körperteilen nicht mehr genügend angeregt wird. Ganz besonders aber – und das wird viel zu wenig beachtet – leidet unser Unterleib an der Bewegungsarmut. Hier sitzen die wichtigsten »Umschaltstellen« für unsere Ernährung, die nicht nur die mechanische Zerkleinerung, sondern auch die chemische Verarbeitung der Nahrungsmittel zu erledigen haben. Nicht umsonst leidet die Hälfte der zivilisierten Menschheit an Verdauungsträgheit. Magen und Darm werden ja nicht durch reichliche körperliche Bewegung massiert, dadurch nicht genügend durchblutet und in ihrer Wirksamkeit gehemmt. Wenn man die physiologisch nicht immer glückliche »Veredelung« unserer Nahrungsmittel dazunimmt, so braucht man sich nicht zu wundern, daß ein großer Teil der zivilisierten Menschheit entweder nach einer vom Arzt verschriebenen Diät leben muß oder sich selbst anhand einer reichlich vorhandenen Literatur eine eigene Diät zusammenzimmert.
Aber das Wort »Diät« hat es in sich. Mit ihm ist meist ein Begriff von »Zwang« verbunden. Der Gedanke an einförmiges, fades Essen, das dazu noch, wenn nicht die ganze Familie mitmacht, extra zubereitet werden muß, macht der Diätkost gegenüber nicht gerade freudig gestimmt. Und das ist ein weiteres Minus, denn das beste, aber freudlos konsumierte Essen wird nicht so gut verwertet wie eine mit Appetit eingenommene Kost. Auch hier hat der

Schnellkochtopf wieder eine Menge von Vorteilen aufzuweisen, so daß man richtig zubereitete Schnellkochkost ruhig als Diätkost bezeichnen kann. Da schon in der Einleitung auf den physiologischen Wert der Schnellkochkost eingegangen wurde, soll hier nur nochmals kurz wiederholt werden.

Die für eine gesunde Ernährung besonders unentbehrlichen Wirkstoffe werden in einem Ausmaß erhalten, wie es bei anderen Kochmethoden kaum erreicht wird. Dazu gehören neben den Vitaminen im Zusammenhang mit Diät vor allem die Mineralstoffe in Form von Salzen und Spurenelementen. Die überwiegend natriumarmen oder natriumfreien Salze der Pflanzen wirken entwässernd und belasten den Kreislauf nicht wie die künstlich zugeführten Salze mit mehr oder weniger hohem Natriumgehalt, die wasserspeichernd wirken. Wer einen vom vielen Kochsalzgebrauch nicht völlig abgestumpften Geschmackssinn hat, empfindet die Salzwirkung dieser pflanzlichen Salze meist als so ausreichend, daß nicht oder kaum nachgesalzen werden muß. Die noch erforschten Spurenelemente führen bei Fehlen ebenso zu Mangelkrankheiten wie fehlende Vitamine.

Speisen, vor allem Fleisch, die im allgemeinen gerne mit Fett geschmort oder gebraten werden und damit für Magenkranke gefährlich sind, können im Schnellkochtopf gedämpft und dabei nicht nur bekömmlich, sondern auch wohlschmeckend und schonend ohne Fett zubereitet werden.

Besonders interessant ist auch die gute Bekömmlichkeit, die eine Folge der vollständigen Durchgarung und besonders auffallend bei Kohl und Hülsenfrüchten festzustellen ist. Dort, wo nur eine Person in der Familie ausgesprochen Diät essen muß, braucht oft nicht extra gekocht zu werden, da viele Gerichte sowieso diätgerecht sind und sich höchstens noch durch Würzen oder Buttergabe von den normalen Gerichten unterscheiden. Wo etwas Besonderes gekocht werden muß, kann es meist mit den anderen Gerichten zusammen gegart werden, indem man Schalen mit in die Einsätze stellt.

Die folgenden Rezepte sollen nicht als Diätempfehlung betrachtet werden, sondern nur als Beispiele für mögliche Speisen. Wer vorsichtig essen muß, soll sich unbedingt eine passende Diät vom Arzt verschreiben lassen. »Selbstgestrickte« Diätpläne können bei ernsten Erkrankungen oft mehr schaden als nützen!

Die folgenden Rezepte sind, wenn nicht anders angegeben, für 1 Person gedacht.

KOCHSALZARME KOST

Vegetarische Brühe

bei fleischloser Kost

Gemüse nach Jahreszeit, z. B. 2 Möhren, 20 g Sellerie, etwas Lauch und Kohlrabi
1 Tomate · etwas Blumenkohl · Petersilie
10 g Butter · ¼ + ⅛ l Wasser

Die feingeschnittenen Gemüse gibt man in einen ungelochten Einsatz oder in eine Schale, die man mit in einen Einsatz stellt und gießt mit ¼ l Wasser auf. Entweder für sich über ⅛ l Wasser oder mit anderen Speisen zusammen garen.
Die fertige Brühe mit der Butter anrühren und mit feingehackter Petersilie bestreuen. Wenn gewünscht, mit frischen gehackten oder feingeriebenen getrockneten Kräutern abschmecken.

Garzeit: 6 Minuten

Kraftbrühe

mit Fleisch

50 g mageres Rinderhack
feingeschnittene Reste von Geflügelfleisch
1 Tasse feingehacktes Gemüse · Petersilie
frische oder getrocknete Würzkräuter · 1 Eigelb
3/8 l + 1/8 l Wasser

Fleisch und Gemüse in den ungelochten Einsatz oder eine Schale zusammen mit 3/8 l Wasser geben. Für sich über 1/8 l Wasser oder zusammen mit anderen Speisen garen. Die fertige Brühe mit dem Eigelb legieren, mit Kräutern nach Wunsch abschmecken und mit Petersilie überstreuen.

Garzeit: 8 Minuten

Reissuppe mit Apfel

50 g Reis · 1 Apfel · 1 TL Zitronensaft
je 1 EL Zucker und Rosinen · Zimt · 3/8 + 1/8 l Wasser

Den Apfel entkernen und fein würfeln. Zusammen mit dem Reis, Zucker, Rosinen, Zitronensaft und 3/8 l Wasser in den ungelochten Einsatz oder eine Schale geben und entweder über 1/8 l Wasser oder mit anderen Speisen zusammen garen. Die fertige Suppe nach Wunsch mit Zimt würzen.

Garzeit: 10 Minuten

Reis spielt in der kochsalzarmen Kost eine besondere Rolle, da er nur Spuren von Kochsalz enthält. Für die Diät sollte man auf die vitaminreicheren Sorten, wie Avorioreis, Parboiled Reis, Balireis u. a. zurückgreifen. Sie wurden vor dem Schälen mit Heißdampf und Druck vorbehandelt. Dadurch wandern die direkt unter dem Häutchen sitzenden, wasserlöslichen B-Vitamine und Mineralstoffe in das Reiskorn, das dann durch das Schälen nicht mehr so entwertet werden kann. Diese Reissorten sind zwar teurer, aber wertvoller. Sie werden im Schnellkochtopf mit etwas Wasser und etwas länger gegart. Man kann jeweils eine Tagesration vorkochen und dann zu den einzelnen Mahlzeiten entsprechend kalt oder warm weiterverarbeiten. Die Aufbewahrung sollte aber unter Luftausschluß kühl und dunkel, am besten in einem Tiefkühl-Plastikbeutel erfolgen.

Reis-Grundrezept für Diät

300 g Parboiled, Avorio- oder Balireis
⅛ + ⅜ l Wasser

Man gibt Reis und Wasser (Verhältnis 1 : 1½) in einen ungelochten Einsatz, den man entweder über ⅛ l Wasser auf den Topfboden oder über eine dampfbildende Speise stellt, und gart in 6–8 Minuten. Die Verfeinerung des Reises mit erlaubten Gewürzen, kochsalzarmen Salaten und entsprechenden Obstsorten hängt von den jeweiligen Diätvorschriften ab.

Garzeit: 6–8 Minuten

150 g Kalbfleisch · 1 Zwiebel · 2 Tomaten
1 Paprikaschote · 2 Möhren · Zitronensaft · Kräuter
gemahlener Paprika · 20 g Butter · ⅛ l Wasser

Die kleingewürfelte Zwiebel in der Butter auf dem Topfboden andünsten, Kalbfleisch klein würfeln, ebenfalls kurz mitdünsten, die zwei geschälten Tomaten, die entkernte und in Streifen geschnittene Paprikaschote, die feingewürfelten Möhren dazugeben, sofort angießen und Zitronensaft und Kräuter beifügen. Topf sofort schließen, garen.
Will man dazu Salzkartoffeln oder Kartoffelbrei geben, so fügt man ¼ l Wasser zum Kalbsgulasch und setzt über einem Einsatzträger in einem gelochten Einsatz die in schmale Scheiben geschnittenen Kartoffeln zu und gart nun beides in der gleichen Garzeit zusammen. Wenn gewünscht, kann man die Kartoffeln zu Kartoffelbrei verarbeiten, wobei heiße Milch, etwas Muskat und wenig Meerrettich mit untergerührt werden.

Garzeit: 10 Minuten

Fischfilet mit Tomate und Kartoffeln

150 g Fischfilet (evtl. gefroren) · 2 Tomaten
½ Zwiebel · Petersilie · 20 g Butter · 2 Kartoffeln
Zitronensaft · ¼ l Wasser

Auf den Topfboden ¼ l Wasser gießen. Darüber den gelochten Einsatz mit den Kartoffelschnitzen stellen. Dann kommt der ungelochte Einsatz, in den man 1 EL Wasser gibt. Dahinein ein Bett aus den feingeschnittenen, geschälten Tomaten und den feinen Zwiebelringen machen. Darauf wird das Filet gelegt, das man mit Zitronensaft säuert. Obenauf gibt man Butterflöckchen. Topf schließen und garen. Das fertige Filet überstreut man mit feingeschnittener Petersilie oder Dill.

Garzeit: 8 Minuten

Kalbsrouladen mit Gemüse

2 dünne Kalbsschnitzel · ½ Zwiebel

gehackte Kräuter · Muskat · Zitronensaft

Gemüse nach Jahreszeit · 30 g + 15 g Butter

⅛ l Wasser · etwas saure Sahne

Die feingehackte Zwiebel in 30 g Butter auf dem Topfboden bei mittlerer Hitze andünsten, Rouladen gleichmäßig damit bestreichen, aufrollen und rundum knapp anbräunen. Die Kräuter beigeben, mit Zitronensaft und etwas Muskat würzen und aufgießen. Darüber kommt auf den Einsatzträger der ungelochte Einsatz, in den zu 1 EL Wasser feingeschnittenes Gemüse gegeben wird, das man mit Butterflöckchen besteckt. Der Einsatz muß schon vorbereitet sein, wenn die Rouladen angegossen werden, damit kein Wasser verdunsten kann. Den Topf sofort schließen. Nach der Garzeit die Sauce mit etwas saurer Sahne verfeinern.

Garzeit: 7 Minuten

Rote Grütze

50 g Rollgerste (Graupen) · 250 g entstielte Johannisbeeren
Zucker · Zitronensaft · Zwieback · Wasser

Die gewaschene Rollgerste mit den gewaschenen, entstielten Johannisbeeren in einen ungelochten Einsatz geben. Gerade knapp mit Wasser bedecken und über Wasser oder sonstigen dampfbildenden Speisen garen. Die fertige Grütze durch ein Sieb streichen, mit Zucker und Zitronensaft würzen und mit Zwiebackbröseln bestreuen.

Garzeit: 15 Minuten

MAGEN-DARM-SCHONKOST

Kleine Mengen gedämpfte Kost, fettlos oder fettarm, nicht zu heiß, nicht zu kalt, nicht zu scharf, nicht zu sauer. Mehrere kleine Mahlzeiten, anstelle von wenigen großen.

Kartoffelsuppe

1 rohe, geschälte Kartoffel von ca. 100 g, klein geschnitten
1 Möhre, fein gewürfelt · 15 g Butter · 1 Ei
Petersilie · feine Würze · ¼ l Wasser

Die kleingeschnittene Kartoffel und Möhre mit ¼ l Wasser in den ungelochten Einsatz geben und entweder über ⅛ l Wasser oder über dampfbildenden Speisen garen. Dann durch ein Sieb drükken oder mit dem Mixstab fein pürieren. Dabei Butter und 1 Ei unterrühren, mit feiner Suppenwürze abschmecken und mit frischer, kleingehackter Petersilie servieren.

Garzeit: 8 Minuten

Reisschleimsuppe

½ Tasse Reis · 3 Tomaten · 20 g Butter
Zucker · Zitronensaft · Salz · frische Kräuter
Suppenwürze · 2 Tassen Wasser

Den Reis, die geviertelten Tomaten, etwas Zucker und Zitronensaft, eine Prise Salz mit 2 Tassen Wasser im ungelochten Einsatz verrühren und die Butter in Flocken darübergeben. Über ⅛ l Wasser oder über dampfbildenden Speisen garen. Nach der Garzeit mit dem Mixstab pürieren und mit etwas feiner Würze abschmekken. Mit feingeschnittenen frischen Kräutern servieren.

Garzeit: 10 Minuten

Hirnsuppe

1 Kalbshirn · 4 EL Haferflocken
1 Eigelb · 20 g Butter · Petersilie · ½ l Wasser

Hirn in kaltem Wasser ausbluten lassen. Enthäuten und in ½ l leicht gesalzenem Wasser auf dem Topfboden kurz aufkochen. Das Hirn in einem ungelochten Einsatz mit dem durchgesiebten Kochwasser und den Haferflocken glattrühren und entweder über

¼ l Wasser oder über einer dampfbildenden Speise garen. Nach dem Öffnen des Topfes die Suppe mit der Butter und dem Eigelb verfeinern, abschmecken und mit frischer, feingehackter Petersilie bestreuen.

Garzeit: 4 Minuten

Gerstenschleimsuppe

50 g Gerste · 20 g Butter · 3 EL süße Sahne

1 Eigelb · Petersilie · Salz · ½ l Wasser

Auf dem Topfboden die gewaschene Gerste in ½ l Wasser einrühren. Topf schließen, garen. Nach dem Öffnen die Suppe durch ein Sieb passieren, mit Butter und Sahne verfeinern, mit etwas Salz abschmecken und mit feingehackter frischer Petersilie auftragen.

Garzeit: 18 Minuten

Kalbfleisch natur

125 g Kalbfleisch · 20 g Butter · ¼ Zwiebel

frischer Dill und Petersilie · evtl. 1 Kartoffel

1 kleine Möhre oder etwas Blumenkohl · ¼ l Wasser

Das Kalbfleisch in dünne, mundgerechte Streifen schneiden und mit einigen Butterflöckchen in den ungelochten Einsatz schichten. Eventuell kann man in denselben Einsatz eine rohe, feingeschnittene Möhre, Kartoffel oder einige Röschen Blumenkohl geben und sofort mitgaren. Es kommen nur 2 EL Wasser in den

Einsatz. Über ¼ l Wasser oder einer dampfbildenden Speise garen. Mit den feingehackten Kräutern bestreut servieren.

Garzeit: 6 Minuten

Hähnchen, gedämpft

½ Hähnchen · Selleriegrün · Curry

evtl. 1–2 Kartoffeln · ¼ l Wasser

Das leicht mit Curry bestäubte Hähnchen auf ein Bett von Selleriegrün legen und leicht so in Alufolie hüllen, daß der Dampfdruck oben eindringen, die Hühnerbrühe sich aber unten in der Folie sammeln kann. Das Paket in den gelochten Einsatz legen und, wenn gewünscht, mit einigen feingeschnittenen Kartoffelscheiben daneben. Topf schließen, garen. Nach der Garzeit das Paket vorsichtig entnehmen, die Hühnerbrühe ausgießen und die Kartoffeln darin zerdrücken.

Garzeit: 8 Minuten

Fischfilet mit Käse

200 g Fischfilet · 20 g geriebener Käse · reichlich Petersilie

3 Tomaten · Zitronensaft · ¼ l Wasser · 1 Schuß Weißwein

Das gewaschene Filet in den ungelochten Einsatz auf ein Bett von Petersilie legen. Leicht mit Zitronensaft säuern, mit dem Käse bestreuen. Obenauf noch etwas Petersilie geben. Daneben in den

Einsatz 3 geviertelte Tomaten, wenn gewünscht auch einige dünne Scheiben Kartoffeln legen.
Nach dem Garen an die Tomaten einen Schuß Weißwein gießen.

Garzeit: 6 Minuten

Kalbfleisch-Gemüse-Topf

125 g Kalbfleisch
je ca. 50 g Kartoffeln, Möhren, Sellerie, Blumenkohl, grüne Erbsen, evtl. Spargel
20 g Butter · Muskat · Pfeffer · Petersilie
¼ l feine Bouillon

Kalbfleisch in dünne, mundgerechte Streifen schneiden. Auf dem Topfboden bei mäßiger Hitze in der Butter kurz andünsten, ohne Farbe nehmen zu lassen. Die sehr feingeschnittenen Kartoffeln und Gemüse beigeben, mit Muskat und Pfeffer würzen und die Brühe angießen. Topf sofort schließen und garen. Nach der Garzeit mit reichlich feingehackter Petersilie überstreut servieren.

Garzeit: 6 Minuten

Rahmschnitzel, gedünstet

125 g Kalbsschnitzel · 10 g Butter · 1 dl feine Brühe
Pfeffer · Zitronensaft · etwas saure Sahne

Das geklopfte Schnitzel auf dem Topfboden bei mäßiger Hitze in der Butter andünsten, ohne Farbe nehmen zu lassen. Mit Pfeffer leicht würzen und etwas Zitronensaft darübergeben. Mit der

Brühe aufgießen und den Topf sofort schließen. Nach der Garzeit abschmecken und mit saurer Sahne verfeinern.

Garzeit: 6 Minuten

Kalbfleischpudding

125 g Kalbfleisch · ½ altes Brötchen · Milch · 1 Ei

5 g Butter · Pfeffer · Paprika · Petersilie · ¼ l Wasser

Das Brötchen mit etwas Milch vorweichen und gut ausdrücken. Mit dem Fleisch durch die Maschine drehen. Die Masse mit dem Ei, etwas Pfeffer und Paprika sowie reichlich feingehackter Petersilie durchkneten. Eine Tasse oder kleine Schale entsprechender Größe ausbuttern, die Masse einfüllen und das Gefäß leicht mit Alufolie abdecken. Das Gefäß in den gelochten Einsatz stellen und über ¼ l Wasser garen. Keine Schnellöffnungsmethode anwenden, sondern den Topf absitzen lassen! Vor dem Servieren auf einen heißen Teller stürzen.
Dazu Kartoffelbrei mit Salaten servieren.

Garzeit: 10 Minuten

Rindfleisch, gedämpft

125 g Rindfleisch · 1 Kartoffel

50 g feine grüne Erbsen · feingehackte Petersilie · 1 dl Brühe

¼ l Wasser · eine Spur Pfeffer und Salz

Die Kartoffel schälen und in Schnitze schneiden. Zusammen mit den grünen Erbsen in den ungelochten Einsatz geben. Mit der

Brühe aufgießen und darauf die dünngeschnittene Scheibe mageres Rindfleisch legen. Mit wenig Salz und Pfeffer würzen. Garen. Mit reichlich feingeschnittener Petersilie servieren.

Garzeit: 10 Minuten

Kalbsleberpudding

125 g Kalbsleber · 1 Ei · 1 EL Mehl · 2 EL saure Sahne

Salz · Majoran · Zitronensaft · ¼ l Wasser

Die feingeschabte Leber mit dem Ei, dem Mehl, der Sahne, einer Spur Salz, Majoran und einigen Tropfen Zitronensaft verquirlen. Die Mischung in eine passende gefettete Tasse oder Schale füllen und entweder über dem Wasser in einen Einsatz gestellt garen oder, soweit beim Menükochen in einem Einsatz über dampfbildender Speise Platz ist, mitgaren. Nach dem Garen stürzen.
Dazu paßt Kartoffelpüree mit Spargel, mit Spinat oder mit grünen Erbsen.

Garzeit: 12 Minuten

Die Diät für Zuckerkranke ist besonders sorgfältig vom Arzt festzulegen. Die hier angegebenen Rezepte sind mögliche Vorschläge.

Blumenkohlsuppe

1 Blumenkohlrose · 1 Ei · etwas Rahm · 10 g Butter

frische Kräuter · 1/8 l feine Fleischbrühe · 1/4 l Wasser

Die Blumenkohlrose waschen und fein zerpflücken. Stengelteile sehr fein schneiden. Im ungelochten Einsatz mit der Brühe ansetzen und entweder über 1/4 l Wasser oder über dampfbildenden Speisen garen. Nach dem Garen die Hälfte der Röschen und die Stengelteile fein zerdrücken. Die Brühe mit dem zerdrückten Blumenkohl, einem Ei, etwas Rahm, der Butter und feingehackten frischen Kräutern verquirlen und den Rest der Röschen in die Suppe geben.

Garzeit: 2 Minuten

Apfelsuppe

2 herbe Äpfel · Zitronensaft · 1 Glas herber Weißwein

Süßstoff · 1/4 l Wasser

Die gewaschenen, entkernten Äpfel schnitzeln und im ungelochten Einsatz ohne weiteren Zusatz entweder über 1/4 l Wasser oder über einer dampfbildenden Speise garen. Dann durch ein Sieb drücken, mit Zitronensaft und Süßmittel abschmecken und dem Wein verfeinern.

Garzeit: 2 Minuten

Tomatensuppe

½ Zwiebel · 2 Tomaten · ¼ l Brühe · etwas Sahne

Sojamehl · Salz · Petersilie · ¼ l Wasser

Die gewaschenen, zerschnittenen Tomaten mit der feingeschnittenen Zwiebel im ungelochten Einsatz mit der Brühe entweder über ¼ l Wasser oder über einer dampfbildenden Speise garen. Nach dem Garen durch ein Sieb passieren, mit wenig Sojamehl und Salz abschmecken, mit etwas Sahne verfeinern und mit feingehackter frischer Petersilie bestreuen.

Garzeit: 4 Minuten

Selleriesuppe

1 kleine Sellerieknolle · 1 Ei · etwas Rahm

¼ l Brühe · Salz · Petersilie · ¼ l Wasser

Die geschälte Sellerieknolle fein schneiden und mit der Brühe im ungelochten Einsatz über ¼ l Wasser oder einer dampfbildenden Speise garen. Die Suppe durch ein Sieb drücken, mit Ei und Rahm verquirlen, mit Salz abschmecken und mit feingehackter frischer Petersilie bestreut servieren.

Garzeit: 6 Minuten

Haferschleim

Grundrezept

50 g Sprießkornhafer (Reformhaus)
3/8 l Wasser

Den Hafer mit wenig Wasser einige Stunden vorweichen, dann im ungelochten Einsatz mit 3/8 l Wasser entweder über 1/8 l Wasser oder über dampfbildenden Speisen garen. Der Schleim braucht nicht passiert zu werden.
Mit dieser Grundlage können immer wieder wechselnde Schleimsuppen angerichtet werden durch Zugabe von Apfelsaft, Meerrettich, Tomatensaft, Sanddornsaft, feingeriebenen Karotten, roh gepreßtem oder gedünstetem Gemüsesaft usw.

Garzeit: 3 Minuten

Bouillonkartoffeln

150 g Kartoffeln · 1/4 l Fleisch- oder Gemüsebrühe
Petersilie · 1/4 l Wasser

Die geschälten und feingewürfelten Kartoffeln im ungelochten Einsatz mit der Brühe entweder über 1/4 l Wasser oder über dampfbildenden Speisen garen. Mit gehackter Petersilie bestreut servieren.
Es kann auch Hefebouillon oder gekörnte Brühe verwendet werden.

Garzeit: 5 Minuten

Kalbfleisch mit Gemüse

125 g mageres Kalbfleisch · 250 g verschiedene Gemüse

$\frac{1}{8}$ l Brühe · Suppenwürze und frische Kräuter · $\frac{1}{4}$ l Wasser

Das Kalbfleisch fein würfeln, ebenso die Gemüse und beides im ungelochten Einsatz mit der Brühe (oder Hefebouillon oder gekörnter Brühe) übergießen und entweder über $\frac{1}{4}$ l Wasser oder über dampfbildenden Speisen garen. Mit Suppenwürze abschmekken und mit feingehackten Kräutern bestreut servieren.

Garzeit: 6 Minuten

Kalbszunge mit Gemüse

1 Kalbszunge · 1 Möhre · 3 Tomaten

1 Stange Lauch · $\frac{1}{2}$ Sellerie · Suppenwürze

Wasser nach Bedarf · Kräuter

Die vorbereitete Zunge in soviel Wasser auf dem Topfboden legen, daß sie gerade bedeckt ist. Dann nochmals herausnehmen und erst in das nicht gesalzene, siedende Wasser geben. Die mittelfein gewürfelten Gemüse ebenfalls zufügen, zuletzt noch etwas Suppenwürze. Den Topf schließen, garen. Die gegarte Zunge schälen, in Scheiben schneiden und auf einer heißen Platte mit dem Gemüse garniert anrichten. Wenn gewünscht, mit wenig Salz bestreuen.

Garzeit: 12 Minuten

Tiefkühlkost

Tiefkühlkost und Schnellkochtopf sind eine ideale Kombination. Bei der Tiefkühlmethode bleiben die frisch verarbeiteten Lebensmittel, vor allem die Gemüse, hochwertig und naturbelassen. Und die Vitamine bleiben durch die rasche Erhitzung unter Sauerstoff- und Lichtausschluß beim Schnellkochen weiterhin erheblich besser erhalten als beim langsamen Auftauen und Garen.
Da außerdem bei den meisten tiefgefrorenen Lebensmitteln das Auftauen direkt im Schnellkochtopf durchgeführt werden kann, ist diese Methode nicht nur äußerst bequem, sondern kann auch, da von anderen äußeren Einflüssen unabhängig, zeitlich sehr genau einkalkuliert werden.
Tiefkühlkost wird stets aus der Verpackung heraus direkt in den ungelochten Einsatz gegeben, da sie viel Saft entwickelt. Die Ankochzeit ist etwas länger, da die Kälte zuerst überwunden werden muß. Dafür können die Garzeiten um $\frac{1}{3}$–$\frac{1}{4}$ kürzer gehalten werden. Durch die Vorgänge beim Tiefkühlen und Auftauen wird die feste Struktur der Zellen zerstört, und der Dampfdruck kann rascher eindringen.
Natürlich hängen bei Tiefkühlkost die Auftau- und Garzeiten ebenso von der Dicke des Kochgutes ab wie stets beim Schnellkochen. Dickere gefrorene Blöcke sind nicht so rasch durchgegart wie dünne Scheiben.
Wir müssen unterscheiden zwischen tiefgekühlter Frischkost, die im Schnellkochtopf aufgetaut und zum sofortigen Verzehr zubereitet werden soll und zwischen tiefgekühlten, fertiggegarten Lebensmitteln. Hier kann es sich handeln um eingefrorene Reste

von Mahlzeiten, um käufliche Fertiggerichte oder um selbst eingefrorene, vorgegarte Lebensmittel oder Menüs.
Daß die frisch eingefrorenen und nur einmal zum sofortigen Verzehr der Wärme ausgesetzten Lebensmittel am hochwertigsten sind, ist verständlich, da jede mehrmalige Erhitzung die Wertigkeiten mindert.
Im einzelnen ist bei den verschiedenen Nahrungsmitteln dieser Art folgendes zu berücksichtigen:

FLEISCH

Hier muß unterschieden werden zwischen den großen, tiefgefrorenen Fleischstücken, wie sie z.B. die Landfrau nach dem Schlachten einfriert oder aber die städtische Besitzerin einer Tiefkühltruhe durch preisgünstigen Einkauf ganzer Tierhälften erhält, und dünnen, gefrorenen Fleischscheiben. Die großen Stücke muß man, wenn man gutes, saftiges Fleisch erhalten will, langsam bei Raumtemperatur oder noch besser im Kühlschrank antauen lassen, bis man durch Versuche mit einer Gabel eine Auftautiefe von 1½–2 cm festgestellt hat. Dann kann man im Schnellkochtopf vollends auftauen und fertiggaren. Gibt man derartige große Fleischstücke unangetaut direkt in den Schnellkochtopf, so erhält man zwar eine große Menge von bestem Fleischsaft, aber ein strohiges Fleisch.
Will man allerdings eine besonders gute, kräftige Fleischsuppe haben, so gibt man das nichtangetaute Fleisch direkt möglichst noch mit einigen Knochen und Suppenkräutern in so viel Wasser, daß es zu ⅔ bedeckt ist, und erhitzt dann sofort. In diesem Fall erst auf »Kochen« schalten, wenn kräftiger Dampf austritt. Das völlig saftlose Fleisch wird als Suppenfleisch in die Brühe geschnitten.

Dünnere Fleischstücke dämpft man entweder im ungelochten Einsatz, wobei man auch noch eine gute Brühe erhält, oder brät direkt auf dem Topfboden an. (Vorsicht vor Spritzern!)

GEFLÜGEL

Die Schnellkochmethode eignet sich besonders gut für tiefgefrorenes Geflügel, da es meist nicht angetaut zu werden braucht. Auf alle Fälle müssen natürlich die Beutel mit eingefrorenen Innereien entfernt werden. Man schneidet den Leib entweder mit einer scharfen Geflügelschere oder einem Spezialmesser für Tiefkühlkost so weit auf, daß man an die verpackten Innereien herankommt. Unter Umständen muß man etwas heißes Wasser zu Hilfe nehmen, damit sich die Packungen lösen lassen. Kommt man so nicht zum Ziel, so hilft ein Kunstgriff. Man gibt auf den Boden des Topfes ⅛ l Wasser, darüber den ungelochten Einsatz und darüber den gelochten, in den man das Huhn mit der Leibesöffnung nach unten legt. Gart man nun 2 Minuten unter Druck, so ist das Huhn so weit angegart, daß man die Innereien herausnehmen kann. Dann wird kurz innen ausgewaschen und nach Wunsch gewürzt.

Will man eine gute Hühnerbrühe, so kommt das Huhn zusammen mit Suppengewürzen in so viel Wasser, daß es knapp bedeckt ist.

Die Garzeiten liegen zwischen 5 Minuten und 20 Minuten, je nachdem, ob es sich um ein sehr kleines oder ein sehr großes Huhn handelt. Das Fleisch wird in diesem Fall zugunsten der Brühe stark ausgelaugt und meist nur in die Suppe geschnitten.

Will man ein gebratenes Hähnchen oder – etwa für Diätzwecke – gedämpftes Huhn, so ist es zweckmäßig, so vorzugehen, wie vorhin schon beschrieben: Im Topf unten ¼ l Wasser, darüber ein

ungelochter Einsatz zum Auffangen der Hühnerbrühe und darüber im gelochten Einsatz das Geflügel, mit der Leibesöffnung nach unten. Die Garzeiten liegen je nach Größe zwischen 5 Minuten und 15 Minuten. Man kann das Huhn vorher mit etwas Curry oder ganz wenig Salz einreiben. Nach der Garzeit haben wir dann im Einsatz ein saftiges Huhn, aber nicht von Brühe durchfeuchtet, die sich im ungelochten Einsatz gesammelt hat und für beliebige Zwecke verwendet werden kann.
Soll das Huhn gedämpft serviert werden, so gibt man es tranchiert auf eine heiße Platte. Soll ein Hähnchen gebraten werden, so braucht das bereits gegarte Hähnchen nur noch rasch in der Pfanne, im Grill oder in der Röhre überbraten zu werden. Denken Sie daran, stets von neuem etwas Fett oder Sauce über das Hähnchen zu träufeln, damit es schön braun und knusprig wird.
Sehr großes Geflügel, wie etwa Puter, kauft man am besten schon in Stücke zerteilt, die dann gleichmäßiger durchgegart werden. Gart man solche Tiere im ganzen, so kann der Unterschied in der Fleischdicke zwischen dem Leib und Schenkeln und Flügeln dazu führen, daß die Flügel- und Schenkelansätze nicht ganz durchgegart werden. Man müßte dann vor dem Garen rund um die Schenkel und Flügel so anschneiden, wie nachher tranchiert wird.
Ausgezeichnete, preisgünstige Hühnerbrühen bekommt man übrigens, wenn man tiefgefrorene Geflügelteile verwendet, die meist billig angeboten werden.

GEMÜSE

Tiefgekühlte Gemüse scheinen manchem teuer zu sein. Wenn man aber überlegt, daß man keinen Abfall und keine Arbeit hat und man geprüfte, erstklassige Qualität erhält, die wertvoller ist als »frisches« Gemüse, das tagelang beim Händler lag, so muß

man tiefgekühltes Gemüse als preiswert und praktisch bezeichnen.
Da Gemüse beim Antauen stets viel Saft ausscheidet, kommt es direkt aus der Packung in den ungelochten Einsatz. Gemüse, das in Blöcken gefroren wurde, wie etwa Spinat, Grünkohl usw., wird mit dem Fleischklopfer in Stücke zerschlagen.
Die Garzeiten sind sehr kurz, im allgemeinen $^1/_3$ der auf den Packungen angegebenen Garzeiten. Bei Spinat genügt Garzeit 0 oder höchstens $^1/_2$ Minute. Man läßt dann den vollen Druck nur gerade eben kommen und stellt den Topf beiseite, benützt also keine Schnellöffnungsmethode.
Diese Gemüse schmecken ganz hervorragend und entwickeln ihr typisches Eigenaroma besonders auffallend. Man sollte daher mit dem Würzen vorsichtig sein und nur solche Gewürze verwenden, die das Eigenaroma heben, wie etwa Glutamat, und nicht verdecken.

TIEFGEKÜHLTE, FERTIGGEGARTE LEBENSMITTEL

Bei ihnen kann es sich handeln um käufliche, fertiggegarte Menüs, oder selbst eingefrorene gegarte Lebensmittel oder Menüs, oder um tiefgekühlte Reste. Bei der Tiefkühlung fertiggegarter Lebensmittel gibt es einige Vorbehalte. Nicht lohnend oder schwierig ist die Tiefkühlung von Kartoffeln, Teigwaren, Reis, Eiern, Blattsalat, Zwiebeln, Radieschen, Käse usw.
Beim Würzen ist zu beachten, daß es Gewürze gibt, die durch das Tiefkühlen verändert werden. Sie können ausgeprägter, also stärker, aber auch ausdrucksloser, schwächer werden. Unverändert bleiben Salz, Kapern, Kümmel, Lorbeer, Nelken, Zimt, Zitronenschale und Zucker. Auf alle Fälle schwächer würzen sollte man mit Anis, Bohnenkraut, Curry, Dill, Essig, Glutamat, fertigen Ge-

würzmischungen, Ingwer, Knoblauch, Majoran, Muskat, Pfeffer, Paprika, Senf, Vanille und Zwiebeln. Um sicherzugehen, sollte man mit ihnen erst beim Abschmecken nach dem Garen direkt vor dem Verzehr notfalls nachwürzen.
Im übrigen ist auch noch zu berücksichtigen, daß Fett nach dem Einfrieren langsam talgig wird. Sehr fette Gerichte sind daher schon nach wenigen Wochen zu verbrauchen.
Der Schnellkochtopf kann auf alle Fälle bei der Vorbereitung und der Zubereitung von tiefgekühlter Fertigkost eine zeitsparende, praktische Hilfe sein.
Das beginnt schon beim Blanchieren von Gemüsen, das im gelochten Einsatz unter Druck rasch und einfach besorgt werden kann. Auch hier verwendet man $\frac{1}{3}$ der in den Anweisungen angegebenen Zeiten.
Beim Vorkochen der tiefzukühlenden Speisen gart man lieber etwas zu knapp als zu reichlich, damit durch die beim Auftauen unvermeidliche Garwirkung die Speisen nicht übergart werden.
Versäumen Sie nicht, die Speisen nach dem Garen so schnell wie möglich in luftdicht verschlossenen Behältern abzukühlen. Dafür eignen sich die handelsüblichen Tiefkühlbehälter ebenso wie Plastik-Tiefkühlbeutel aus verdicktem, luftdichtem Material. Gibt man die Behälter unter langsam fließendes kaltes Wasser, so sind sie schnell so weit abgekühlt, daß sie in das Tiefkühlgerät gegeben werden können. Nie vergessen, das Datum und den Inhalt zu vermerken.
Tiefgekühlte käufliche Fertigmenüs können im Schnellkochtopf gut aufgetaut und servierfertig gemacht werden, wenn der Durchmesser der Töpfe groß genug ist. Die Folie, mit der die Packungen meist verschlossen sind, muß natürlich zum Auftauen abgenommen werden. Im Dampf aufgetaute Fertigmenüs haben einen natürlicheren Geschmack als solche, die in heißer Luft erhitzt werden.
Speisereste, von denen man sicher weiß, daß man sie nicht sofort ganz verwendet, sollte man unbedingt einfrieren, da sie auch im

Kühlschrank langsam verderben. Sie sollten aber unbedingt nach wenigen Wochen verwendet werden.
Wer öfters größere Mengen von Knochen- oder Fleischbrühe zubereitet, aber nicht alles auf einmal verwendet, kann sich in den käuflichen Schalen aus starker Aluminiumfolie im Tiefkühlschrank einen Vorrat von natürlicher Brühe halten, der stets zur Verfügung steht, aber auch innerhalb von 4 Wochen aufgebraucht werden sollte.
Bei manchen Gerichten lohnt es sich, gleich zwei oder drei Mahlzeiten auf einmal vorzubereiten und zu garen und die nicht verwendeten Mengen sofort tiefzufrieren. Ein gutes Beispiel dafür sind Rouladen, von denen man die sofort zu verwendenden auf dem Topfboden in Fett fertigschmort und in ein oder zwei Einsätzen darüber noch einen Vorrat angart, der dann später zum Verbrauch auf dem Topfboden direkt im Fett aufgetaut und fertiggebraten wird.

Obst, Kompotte, Marmeladen

Die Schnellkochmethode erhält auch bei Obst nicht nur die frischen Farben, sondern auch den Geschmack und die lebenswichtigen Wirkstoffe. Das Garen im Dampf geht nicht nur schnell, sondern auch ohne das sonst nötige lästige Rühren und ohne Anbrenngefahr.

Allgemein gilt:
Wenn bei zarten Früchten, vor allem Beeren, für Kompotte die äußere Form erhalten bleiben soll, dürfen sie nur ganz kurz dem Dampfdruck ausgesetzt werden. Meist genügt die Garzeit 0, also das Ventil nur gerade auf Druck kommen lassen und dann sofort den Topf vom Feuer nehmen und Druck ohne Schnellöffnungsmethode entweichen lassen.
Alles Kernobst nimmt aus dem Dampf sehr viel Wasser auf. Daher muß unten in den Topf stets etwas mehr Wasser als üblich gegeben werden, um so mehr, je länger die Garzeit dauert.
Kompotte aus süßen Früchten benötigen weniger oder keinen Zuckerzusatz. Zucker, wenn gewünscht, erst nach dem Garen beigeben. Bei Kernobst sitzen besonders wertvolle Wirkstoffe direkt unter der Schale. Obstmuse, Säfte, Marmeladen, Gelees sollten daher mit der vorher gut gewaschenen Schale verarbeitet werden. Nur aus Diätgründen sollte Kernobst, wenn nötig, geschält werden.
Je frischer Obst direkt nach der Ernte verarbeitet wird, desto biologisch wertvoller ist es.

Kompott

Grundrezept

Äpfel, Birnen, Zwetschgen je nach Wunsch, je 500 g
2 EL Zucker · Zitronenschale · Zimt · ¼ l Wasser

Über ¼ l Wasser auf dem Topfboden den ungelochten Einsatz und darin die gut gewaschenen, entkernten, in beliebige Stücke geschnittenen Früchte ohne Wasserzusatz mit wenig Zucker überstreut stellen. Die Zitronenschale in mehrere Stücke über die Früchte verteilen. Den Topf schließen, garen. Nach dem Garen mit gewünschtem Gewürz und, wenn nötig, noch etwas Zucker abschmecken.

Garzeit: 1–2 Minuten

Obstmus

Das wie oben bei Kompott angesetzte Obst einige Minuten länger garen und entweder mit dem Mixstab zerkleinern oder durch ein Sieb passieren.

Quittenkompott

1 kg gut ausgereifte, abgelagerte Quitten
50 g Zucker · Saft von 1 Zitrone · ¼ + ¼ l Wasser

Die Quitten sehr dünn schälen, in Viertel schneiden und Kernhaus ausschneiden. Dann noch weiter in sehr schmale Schnitze unterteilen. In den Topf ¼ l Wasser geben, darüber den ungelochten Einsatz, in dem die Quittenschnitze mit dem Zucker und ¼ l Wasser samt Zitronensaft angesetzt werden. Den Topf schließen, garen. Nach Geschmack nachsüßen und evtl. mit einer Spur Ingwer verfeinern.

Garzeit: 8 Minuten

Marmeladen

Bei härteren, länger garenden Früchten verkürzt der Schnellkochtopf nicht nur die Arbeit, sondern verhindert auch das Anbrennen. Man gibt in den Topf ⅜–½ l Wasser, darüber den ungelochten Einsatz und in ihn so viele vorbereitete, zerkleinerte Früchte wie nötig oder möglich. Der Topf kann bis zu 2 cm unter den Rand gefüllt werden. Dann Topf schließen, Ventil einsetzen bzw. auf »Kochen« schalten und je nach Härte der Früchte garen.
Garzeit: 1–5 Minuten.

Dann wird der Einsatz mit den Früchten herausgenommen, die Früchte nach Wunsch püriert oder passiert. Zucker im Verhältnis 1:1 oder mindestens 1:¾ der Gesamtmasse mit Saft zufügen. Jetzt das Fruchtmus im offenen Topf bis zur Marmeladenprobe eindicken. Dabei bleibt allerdings das Rühren nicht erspart. Werden Geliermittel verwendet, nach Vorschrift verfahren.
Für Konfitüre werden die Früchte nicht oder nicht stark verkleinert und natürlich nicht passiert.

Dörrobst

Dörrobst wird mit heißem Wasser kurz gewaschen und dann im ungelochten Einsatz mit so viel Wasser angesetzt, daß es gerade bedeckt ist. Den Einsatz stellt man über ¼ l Wasser oder über eine dampfbildende Speise.

Garzeit: 6–8 Minuten.

Weicht man das Dörrobst vor, so gart man mit dem Einweichwasser. Der Geschmack wird ausgeprägter.

Garzeit: 3–5 Minuten.

Nach Belieben wird mit Zitronensaft oder Zimt gewürzt und evtl. mit etwas Zucker abgeschmeckt.

Saft aus Gemüse und Obst

Säfte sind besonders hochwertige, leichtverdauliche Extrakte aus Obst, Gemüsen, eventuell auch Kräutern usw., die im Schnellkochtopf nicht nur sehr bequem, sondern auch besonders konzentriert gewonnen werden können. Die Rückstände sind dabei derart ausgelaugt, daß sie nicht mehr, wie bei anderen Verfahren, für Marmeladen, Kompotte usw. Verwendung finden können. Sie schmecken sogar meist ausgesprochen bitter und sind unbekömmlich.

Zur Entsaftung eignen sich nur frisch geerntetes Obst und Gemüse. Faulige Stellen sind gründlich auszuschneiden. Natürlich muß auch kurz gewaschen werden – je zarter die Früchte sind, desto kürzer.

Mit Ausnahme von Kirschen und Weintrauben braucht nicht entstielt zu werden. Nur die letzteren Früchte enthalten unangenehme Bitterstoffe in den Stielen. Auch das Entkernen kann man sich schenken.

Auf den Topfboden gibt man $\frac{1}{4}$–$\frac{3}{8}$ l Wasser und stellt darüber den ungelochten Einsatz. Er dient zum Auffangen des Saftes und kann, etwa bei Verwendung des Saftes für Gelees, Aromazusätze wie Ingwer, Vanille, Anis, Fenchel, feingeriebene Schalen ungespritzter Apfelsinen oder Zitronen usw. enthalten. Darüber kommt nun der gelochte Einsatz und in ihn so viele vorbereitete Früchte, wie Sie zubereiten wollen und unterbringen können, ohne die Ventiltätigkeit zu behindern. Also mindestens 1 cm unterm Rand bleiben.

Zuckerzusatz, Saftmengen, Garzeiten entnehmen Sie bitte der nachfolgenden Tabelle.
Soll der Saft, ob gesüßt oder nicht, haltbar sein, so muß alles, was mit ihm in Berührung kommt, peinlich sauber und in heißem Wasser so heiß wie möglich gehalten werden, also Flaschen, Gummihütchen, Trichter.
Auf keinen Fall abdampfen!
Nach dem Öffnen wird der sehr heiße Saft sofort aus dem Einsatz mit einem Trichter in die heißen Flaschen gegossen, der Flaschenrand abgewischt und die Gummihütchen aufgestülpt. Stülpen sie sich beim Abkühlen nach innen, so ist ein Vakuum entstanden und die Flasche ist dicht.

Entsaftungstabelle für Gemüse und Obst

Die Mengenangaben beziehen sich immer auf je 1 kg Obst oder Gemüse. Die Garzeiten richten sich nach der Härte der Früchte.

	Zucker Gramm	Saft Liter	Garzeit Minuten
Apfel	40	0,65	15–20
Birne	50	0,65	10–20
Johannisbeere (Ribisel)	70	0,7	10–15
Stachelbeere	60	0,6	10
Himbeere	35	0,8	5–10
Erdbeere	55	0,75	5–10
Heidel-/Preiselbeere	55	0,7	5–10
Kirsche	25	0,65	10–15
Sauerkirsche	90	0,65	10–15
Weintraube	55	0,7	10–20
Holunder	40	0,65	10
Zwetschgen	40	0,65	10–15
Rhabarber	120	0,6	15
Rettich	40	0,4	25

	Zucker Gramm	Saft Liter	Garzeit Minuten
Tomaten (Paradeiser)	–	0,6	15
Möhren	–	0,45	20
Rote Rübe (Bete)	–	0,5	25
Gurke	–	0,6	15
Paprika	–	0,55	15
Spinat	–	0,4	20

Da bei Paprika und Tomate Farbe und Aroma überwiegend im Fruchtfleisch enthalten sind, müssen die Gemüsereste durch ein Sieb passiert und dem Saft untermischt werden.
Zwiebelsaft ist ein ausgezeichnetes Hilfsmittel bei Husten und Heiserkeit. Man gibt 3 Teile geschnittene Zwiebeln mit 2 Teilen feingeschlagenem Kandiszucker in den gelochten Einsatz (sonst wie oben). Zu dem heißen Saft (Garzeit 15 Minuten) gibt man einen Teil auf 60 °C erhitzten Honig und rührt gut auf. Im Kühlschrank hält sich der Sirup ca. 2 Wochen. Er soll immer wieder frisch angesetzt werden.

Gelees aus Obst und Gemüsen

Viele Hausfrauen legen noch immer Wert darauf, Gelees für Brotaufstriche selbst herzustellen. Es gibt dafür viele vererbte Familienrezepte. Alle haben eines gemeinsam: viel Zeit und viel Arbeit mit Rühren usw.

Unter Verwendung der Säfte, die im Schnellkochtopf nach den Angaben der letzten Seiten schnell und einfach gewonnen wurden, lassen sich vielerlei Brotaufstriche zu jeder Jahreszeit je nach den gerade zur Verfügung stehenden billigen und reichlich auf dem Markt befindlichen Obstsorten herstellen.

Man kann damit auch – und das ist weithin unbekannt – süße Gemüsegelees herstellen und sie entweder als Brotaufstrich verwenden oder – wie zum Beispiel bisher Preiselbeeren – als Beigabe zu Rindfleisch oder Wild auf den Tisch bringen.

Befassen wir uns zuerst mit den Obstgelees. Wenn wir die Absicht haben, anstelle von Säften Gelees herzustellen, so geben wir beim Entsaften keinen Zuckerzusatz zu den Früchten, sondern wir wiegen oder messen die Saftmenge, die wir erhalten haben. Dann erst geben wir Zucker zu, und zwar bei sehr süßen Früchten im Verhältnis 1:¾, bei weniger süßen Früchten im Verhältnis 1:1. Der Saft wird im offenen Topf erhitzt, Zucker eingerührt und nur gerade so lange erhitzt, bis sich der Zucker völlig aufgelöst hat. Um ein leichtes Gelieren zu erreichen, wird im letzten Moment noch Pektin mit untergerührt, wobei man nur einige Sekunden aufkochen läßt. Das Gelieren wird gefördert, wenn man je 500 g Zucker ½ TL Zitronensäure aus der Apotheke mit untergerührt.

Obst mit viel Säure benötigt keine Zugabe von Pektinstoffen, z. B. unreife Äpfel, Johannisbeeren kurz vor der Reife, Zitronen. Wenn man sichergehen will, so kann man die Hälfte der sonst vorgeschriebenen Pektinmenge beigeben. Auch Rhabarber gibt ein hervorragendes Gelee (nicht schälen, nur waschen!). Bis rund 6 Wochen nach der ersten Ernte geliert er noch von allein, dann muß man mit Pektin nachhelfen.

Es gibt eine Menge Möglichkeiten, die Obstgelees zu verfeinern. Wie schon auf Seite 203 erwähnt, kann man in den als Auffangschale eingesetzten ungelochten Einsatz Aromazusätze wie Ingwer, Vanille, Anis, Fenchel oder geriebene Zitronen- oder Apfelsinenschale geben. Vor allem Ingwer eignet sich für Äpfel. Das in England und den USA beliebte Jam, ein leicht bitteres **Apfelsinengelee**, erhalten wir, wenn wir bei Apfelsinen, die entweder nicht gespritzt oder vorher warm abgewaschen wurden, auf einer feinen Reibe dünne Schalenstücke oder -streifen abreiben und in den ungelochten Einsatz geben. Dann werden die Apfelsinen geschält und einmal längs und quer geschnitten zum Entsaften in den gelochten Einsatz gegeben. Es ist Geschmackssache, ob wir die Schalen aller Apfelsinen reiben. Je mehr Schalen wir verwenden, desto bitterer wird das Gelee. Im Normalfall dürfte höchstens die Hälfte genügen.

Auch **Zitronengelees** sind etwas Erlesenes. Als Geleegrundlage verwenden wir Äpfel und geben auf 500 g Äpfel den Saft einer Zitrone. Ausdrucksvoller wird das Gelee mit etwas Schale.

Gelee sollte man in nicht zu große Gläser abfüllen, nicht nur weil es leichter geliert, sondern auch weil der Verbrauch praktischer ist. Am besten zieht man sofort nach dem Umfüllen über den sauber gereinigten Glasrand benetzte Einmachhaut, die man mit einem Gummiring dichtet. Beschriftung nicht vergessen: Inhalt und Jahr.

Für **Gelees aus Gemüsesäften** wird der gleiche Vorgang wie bei

Obst benützt. Man benötigt stets Zucker im Verhältnis 1:1 und immer Pektin und Zitronensäure. Geschmacklich besonders interessant sind die Säfte von Tomaten, Paprika, Sellerie und Möhre.
Hat man die Gelegenheit, eine völlig frisch geerntete *Sellerieknolle* mit Blättern zu bekommen, so kann man Blätter und Knolle zusammen entsaften und erhält einen unglaublich würzigen Saft.
Auch Mischungen ergeben überraschende Geschmacksnoten. So ist die Mischung von Möhre und Tomate (zusammen entsaftet) als Gelee nicht von einem pikanten Obstgelee zu unterscheiden.
Die Gemüsegelees können entweder als Brotaufstrich verwendet werden oder, in Förmchen abgefüllt und gestürzt, als Beigabe zu Siedfleisch und Wild ebenso eine überraschende Verfeinerung der Beigaben bewirken wie etwa die bisher üblichen Preiselbeeren.
Feinschmecker schätzen eine raffinierte Geschmacksveredelung von Obstgelees. Wenn man nämlich unter das abfüllfertige Gelee noch schnell ein wenig von dem dazu passenden Schnaps unterrührt, etwa auf ½ l 1 Schnapsglas, so wird das Aroma außerordentlich gehoben. Also z.B. bei Kirschgelee Kirschwasser, bei Zwetschgengelee Zwetschgenwasser, bei Weintraubengelee Weinbrand und zu anderen Gelees die geschmacklich neutraleren Schnäpse. Der Experimentierfreudigkeit der Hausfrauen oder der kochenden Männer sind hier keine Grenzen gesetzt. Und da alles so schnell und so einfach geht, macht das Probieren besonderen Spaß!

Einkochen/Eindünsten

Hat man einen Schnellkochtopf, der groß genug ist, Einmachgläser aufzunehmen, so kann man kleinere Mengen von Gläsern schnell und gut verarbeiten.

Die Gläser müssen entweder auf ein Tuch im ungelochten Einsatz gestellt werden können und müssen so viel Platz haben, daß das geschlossene Glas mit der Verschlußklammer darin untergebracht werden kann. Notfalls kann man sie aber auch auf ein mehrfach gefaltetes Tuch auf dem Topfboden stellen. In den Topf ist so viel Wasser zu geben, daß der Fuß des Einmachglases gerade noch 1 bis 2 cm umspült wird, mindestens also $^1/_4$ l.

Geeignet sind nur Breitrandgläser. Rillengläser geben kein sicheres Ergebnis.

Nur frisch geerntetes, einwandfreies Obst und Gemüse eignet sich zum Einkochen. Obst bleibt meist roh, Gemüse wird angegart, Fleisch gegart oder gebraten eingefüllt.

Wird Zuckerwasser verwendet, so rechnet man auf 1 l Wasser 250 g Zucker, bei Salzwasser 10 g Salz. Sehr saftige Früchte werden nur mit Zucker bestreut.

Bei Obst benötigt man für zarte Beeren eine Garzeit von 2 bis 5 Minuten, für Steinobst 8 Minuten und für Kernobst 10 Minuten. Dabei bleibt man mit der Druckeinstellung des Ventils am besten etwas unter dem normalen Druck bzw. gart auf Bio- oder Schonstufe. Bei Gemüse und Fleisch arbeitet man mit vollem Druck und gart Gemüse je nachdem, ob es sich um zartes oder festes Gemüse handelt, zwischen 10 und 15 Minuten, Fleisch, das möglichst langsamer angekocht wird, zwischen 20 und 25 Minu-

ten. Sehr wichtig ist beim Einkochen im Schnellkochtopf, keine Schnellöffnungsmethode anzuwenden. Also auf keinen Fall abdampfen! Die Töpfe beiseite stellen. Auch wenn keinerlei Druck mehr im Topf ist, die Gläser noch einige Minuten darin lassen, nur vorsichtig entnehmen und langsam abkühlen lassen.
Mütter von Säuglingen, die von der käuflichen Säuglingskost her Dutzende von kleinen Schraubgläsern haben, können diese wieder füllen (nur Schraubgläser sind dazu verwendbar!). Man sollte dies aber nur dann machen, wenn man, etwa aus dem eigenen Garten, frisch geerntetes, nicht überdüngtes Gemüse zur Verfügung hat. Das Gemüse wird vorgegart in die gut gereinigten Gläser gefüllt. Die Deckel werden vorsichtig gesäubert, damit die Dichtungsmasse im Deckel nicht beschädigt wird. Am besten spült man sie mit kochendheißem Wasser aus. Die Deckel dürfen auf die gefüllten Gläser nicht stramm angedreht werden, sondern nur so weit, bis sie gerade auf knappen Widerstand stoßen. Dann wie bei Eindünsten 5 Minuten im gelochten Einsatz garen und langsam abkühlen lassen. Ist der Deckel oben eingedrückt oder bleibt er auf Druck eingedrückt, so ist das Glas geschlossen und kann dunkel und kühl aufbewahrt werden. Bleibt der Deckel nicht eingedrückt, so ist der Inhalt umgehend zu verwerten und der Deckel wegzuwerfen.

Sterilisieren von Säuglingsgeräten und Instrumenten

Die im Schnellkochtopf entstehenden Temperaturen zwischen 107 °C und 120 °C vernichten Keime zuverlässig. Daher können alle für die Säuglingspflege benötigten Geräte schnell keimfrei gemacht werden. Nicht alle Kunststoffgegenstände vertragen allerdings diese Wärmegrade und können sich verformen. Dagegen sind Gegenstände aus Glas, Metall und hitzebeständigem Gummi ohne weiteres sterilisierbar. Man legt sie auf den gelochten Einsatz und sterilisiert bei vollem Druck über ⅛ bis ¼ l Wasser.

Zeit: 5 Minuten.

Milchflaschen aus Glas stellt man aufrecht mit einem Kaffeelöffel Wasser zur schnellen Dampfbildung gefüllt in den Einsatz. Will man vorgefertigte flüssige Säuglingsnahrung sterilisieren, so füllt man diese in die sterilisierten Flaschen, die man mit den ebenfalls sterilen Hütchen verschließt und in den Einsatz gibt. 6 Minuten garen und dann unter keinen Umständen eine Schnellöffnungsmethode anwenden, sondern den Topf beiseite stellen, Druck von selbst allmählich entweichen lassen und Topf erst nach einiger Zeit öffnen.

Register, nach Kapiteln geordnet

HÜLSENFRÜCHTE

KARTOFFELN

REIS UND TEIGWAREN

Reis

Teigwaren

KLÖSSE UND KNÖDEL

EINTÖPFE

PUDDINGS UND SÜSSSPEISEN

DIÄTKOST

Kochsalzarme Kost

Magen-Darm-Schonkost

Diabetiker-Diät

OBST, KOMPOTTE, MARMELADEN

SAFT AUS GEMÜSE UND OBST

Register, alphabetisch

H

I

K

S

T

V

W

Z